毛泽东经典著作研读系列丛书

总主编 / 康沛竹　艾四林

《党委会的工作方法》研读

史春风　孟思宇◎著

中国出版集团有限公司
研究出版社

图书在版编目 (CIP) 数据

《党委会的工作方法》研读 / 史春风, 孟思宇著. --
北京 : 研究出版社, 2023.9（2025.2重印）
ISBN 978-7-5199-1462-2

Ⅰ. ①党… Ⅱ. ①史… ②孟… Ⅲ. ①中国共产党 -
党委 - 工作方法 - 学习参考资料 Ⅳ. ①D267

中国国家版本馆CIP数据核字(2023)第069812号

丛书总策划：赵卜慧　康沛竹

出　品　人：陈建军
出版统筹：丁　波
责任编辑：于孟溪

《党委会的工作方法》研读
DANGWEIHUI DE GONGZUO FANGFA YANDU
史春风　孟思宇　著
研究出版社 出版发行
（100006　北京市东城区灯市口大街100号华腾商务楼）
北京隆昌伟业印刷有限公司　新华书店经销
2023年9月第1版　2025年2月第2次印刷
开本：787毫米 × 1092毫米　1/32　印张：7.75
字数：114千字
ISBN 978-7-5199-1462-2　定价：58.00元
电话（010）64217619　64217652（发行部）

总主编简介

康沛竹　北京大学马克思主义学院教授、博士生导师。1981—1988 年，在北京大学历史系学习，获历史学学士、硕士学位；1993—1996 年，在中国人民大学清史所学习，获历史学博士学位。中央马克思主义理论研究和建设工程之《马克思主义发展史》首席专家。2008 年国家级精品课“中国近现代史纲要”课程负责人。出版专著《灾荒与晚清政治》《中国共产党执政以来防灾救灾的思想与实践》《〈新民主主义论〉导读》《〈关于正确处理人民内部矛盾的问题〉导读》等，主编《马克思主义妇女理论发展史》《马克思主义学习型政党建设问题研究》《中国近现代史前沿问题研究》等。在《近代史研究》《中共党史研究》《当代中国史研究》《马克思主义研究》《马克思主义与现实》《光明日报》等发表论文 70 多篇。

艾四林　哲学博士、教授、博士生导师，清华大学习近平新时代中国特色社会主义思想研究院院长，教育部长江学者特聘教授。中央马克思主义理论研究和建设工程首席专家，国务院学位委员会学科评议组成员，《高校马克思主义理论研究》主编。

序

由北京大学马克思主义学院康沛竹教授和清华大学习近平新时代中国特色社会主义思想研究院院长艾四林教授主编的“毛泽东经典著作研读系列丛书”陆续出版与读者见面了，两位主编是我多年的同事和朋友，让我作序，只能“恭敬不如从命”。借此机会，一方面对新著出版表示热诚的祝贺，一方面谈些想法与大家交流，权作序。

2018年5月4日，习近平总书记在纪念马克思诞辰200周年大会上的讲话中指出，“马克思主义不仅深刻改变了世界，也深刻改变了中国”。马克思主义怎么深刻改变了中国？我认为其内涵就在于：马克思主义的中国化、中国化的马克思主义深刻改变了中国。马克思的著作、理论、思想、学说，如何成为中国共产党人的指导思想和意识形态？这里面就有一个重要的转化环节，这个环节就是马克思主义的中国化，就是要把马克思主义从德国的形态变为中国的形态，从欧洲的形态变为亚洲的形态，从西方的形态变为东方的形态，这就是我们讲的马克思主义的中国化时代化。

1938年10月，毛泽东在党的六届六中全会上作的报告《论新阶段》中首次明确地提出“马克思主义中国化”的概念。毛泽东是马克思主义中国化的伟大开拓者，毛泽东思想是马克思主义中国化的表现形态，实现了马克思主义中国化的第一次飞跃。2021年中国共产党建党一百周年，“中国共产党为什么能?”其中的一个关键点就是始终重视思想建党、理论强党，强调重视总结历史经验，从学习中走向未来。而毛泽东研究、毛泽东思想研究、毛泽东思想的当代价值与意义研究，就是其中不可或缺的重要内容。

毛泽东思想博大精深，内容特别丰富，涉及面非常广泛，因此学界的研究也是多层次、多维度、多视角的。比如从发展历程看，有毛泽东早期思想、新民主主义革命理论、社会主义建设道路的探索等；从思想分支看，有毛泽东哲学思想、经济思想、管理思想、军事思想、文艺思想、外交思想等。那么如何把握这个体系和精髓呢？关键是要读原著，要精读细读、慢慢咀嚼、深刻领会、反复思考。要从读原著开始，从读原著入手，从读原著做起。把读经典、悟原理作为一种生活习惯，当作一种精神追求，用经典涵养正气、淬炼思想、升华境界、指导实践。

康沛竹、艾四林主编的“毛泽东经典著作研读系列丛书”着眼原著，聚焦原著，精心策划，精心组织。这套丛书精选了10多部毛泽东的经典著作，从写作背景、版本考据、主要内容、影响和意义等方面条分缕析，深入研读，视野开阔，内容翔实，是毛泽东经典著作研究的重要成果，对于毛泽东思想研究，特别是广大干部群众通过学习原著把握和领会毛泽东思想，具有积极的推动作用。毛泽东的原著和文本集中体现了毛泽东思想，具有广泛的社会影响力，已经成为民族记忆、文化范式、精神标识。其中许多重要著作的重要论述深入人心，人们喜闻乐见、耳熟能详。比如

《反对本本主义》关于马克思主义的“本本”要和中国实际相结合的论述，《实践论》《矛盾论》对马克思主义哲学的贡献，《新民主主义论》关于新民主主义革命理论的阐发，《改造我们的学习》关于“实事求是”的阐释，《论十大关系》关于“以苏为鉴”的思考，《关于正确处理人民内部矛盾的问题》关于两类矛盾的论述，等等。如何温故知新？如何常学常新？是新时代研读毛泽东经典著作需要认真思考的问题。

研读毛泽东经典著作，温故知新，常学常新，既要有历史眼光，又要有当代视野。其中毛泽东关于中国社会主义道路的探索与中国特色社会主义的内在关联与贯通即是一个尤为重要的问题，学术界特别关注。“毛泽东经典著作研读系列丛书”中社会主义建设时期的著作共有两篇，我们先来看《论十大关系》。从1956年2月14日起，毛泽东历时43天，先后听取了34个部委的工作汇报。4月25日和5月2日，毛泽东分别在中共中央政治局扩大会议和最高国务会议上讲话，并整理形成了著名的《论十大关系》这篇著作。《论十大关系》的主题是“以苏为鉴”，探索适合中国情况的社会主义发展道路。《论十大关系》开宗明义地指出，“特别值得注意的是，最近苏联方面暴露了他们在建设社会主义过程中的一些缺点和错误，他们走过的弯路，你还想走？过去我们就是鉴于他们的经验教训，少走了一些弯路，现在当然更要引以为戒”。毛泽东 1956 年提出“十大关系”，开始提出自己的建设路线，有我们自己的一套内容，开始找到一条适合中国的建设路线。1978 年召开的党的十一届三中全会，拨乱反正，改革开放，中国进入了社会主义现代化建设的新时期。1982 年 9 月 1 日，邓小平在党的十二大开幕词中提出，“走自己的路，建设有中国特色的社会主义，这就是我们总结长期历史经验得出的基本结论”，从而高举起中国特色社会主义的伟大旗帜，坚定不移地走中国特色社会主义发展道路。经过长期的不懈奋斗和接力探索，中国特色社会主义进入新时代。我们再来看《关于正确处理人民内部矛盾的问题》，这是 1957 年 2 月毛泽东在最高国务会议上（作）的报告。他强调必须区分敌我矛盾和人民内部矛盾这两类不同性质的矛盾，还提出了正确处理人民内部矛盾的一系列具体方法，比如“统筹兼顾，适当安排”“百花齐放，百家争鸣”“互相监督，长期共存”等等。这些论述实际上对已经开始尝试探索社会主义条件下的国家治理问题，具有重要意义。2019 年 10 月召开的党的十九届四中全会是新中国成立以来、改革开放以来第一次专门集中研究坚持与完善中国特色社会主义制度、推进国家治理体系和治理能力现代化重大问题的党的中央全会，会议审议通过了《中共中央关于坚持和完善中国特色社会主义制度 推进国家治理体系和治理能力现代化若干重大问题的决定》(以下简称《决定》)。《决定》从战略上回答了“坚持和巩固什么、完善和发展什么”的重大时代课题，体现了清醒的制度自觉、坚定的制度自信、强烈的制度创新，开辟了“中国之治”的新境界。

研读毛泽东经典著作，温故知新，常学常新，必须紧扣马克思主义中国化时代化这条主线。马克思主义中国化时代化是中国共产党人的伟大创造，马克思主义中国化时代化这个命题的提出本身就体现了中国共产党人的理论自觉和文化自信。马克思主义从传入、传播到中国化是个过程，这个过程产生了中国化马克思主义这个结果。“毛泽东经典著作研读系列丛书”收入 10 多部关于毛泽东经典著作的研读之作，时间涵盖了从第一次国内革命战争时期到社会主义建设时期，但是仔细看一下，还是延安时期居多。为什么？就是因为延安时期形成了毛泽东思想，实现了马克思主义的中国化。从延安时期马克思主义中国化来看，既有哲学理论层面的，即《实践论》《矛盾论》的理论阐发；也有思想路线层面的，即提出实事求是的思想路线；还有实际工作层面的，即阐述军事辩证法、统一战线的辩证法、领导方法和工作方法的辩证法；等等。马克思主义不仅和中国哲学、中国文化结合，马克思主义基本原理同中国具体实践相结合，同中华优秀传统文化相结合，而且具体运用于实际工作的各个方面，渗透于军事、统战、党建等各个领域，表明马克思主义已经与中国哲学、中国文化、中国实践结合并开始融为一体，马克思主义具有了中国特性、中国作风、中国气派。马克思主义中国化后，它既是马克思主义的，也是中国的。概而言之，1937 年毛泽东《实践论》《矛盾论》对马克思主义哲学的贡献，1938 年 10 月毛泽东在党的六届六中全会上关于“马克思主义中国化”的论述，1940 年毛泽东《新民主主义论》关于新民主主义革命理论的阐发，1945 年党的七大将毛泽东思想确立为党的指导思想，等等，标志着延安时期实现了马克思主义中国化。马克思主义从传入时的翻译介绍，到传播时的研究阐释，再到中国化时的全面实践，马克思主义中国化这个过程产生了中国化马克思主义这个结果，形成了毛泽东思想这个马克思主义中国化的表现形态。

研读毛泽东经典著作，温故知新，常学常新，必须牢牢把握毛泽东思想活的灵魂。毛泽东思想活的灵魂是贯穿其中的立场、观点、方法，有三个基本方面，即实事求是、群众路线、独立自主。实事求是是毛泽东思想的根本点、出发点，是党的思想路线的核心，是最重要的思想方法、认识方法、工作方法、领导方法。毛泽东在《改造我们的学习》中指出，“‘实事’就是客观存在着的一切事物，‘是’就是客观事物的内部联系，即规律性，‘求’就是我们去研究”。实事求是的基本内涵就是从客观事物中认识和把握客观规律，尊重规律，一切从实际出发，理论与实际相结合。实事求是是中国共产党人的基本要求和看家本领，必须时时处处牢记于心，付之于行。今天讲实事求是，就要深刻把握世情国情党情的变化，深刻认识世界百年未有之大变局，以中国式现代化全面推进中华民族伟大复兴。群众路线是我们党的生命线和根本工作路线，体现了马克思主义关于人民群众是历史创造者的基本原理和党全心全意为人民服务的根本宗旨。今天讲群众路线，就要秉持人民至上的价值立场，坚持以人民为中心的发展思想。坚持人民主体地位，坚持和完善人民当家作主的制度体系，建设人民满意的服务型政府。顺应民心，尊重民意，关注民情，致力民生。有效对接民众生活，体察群众生活感受，加强普惠性、基础性、兜底性民生建设。满足人民日益增长的美好生活需要，把制度优势和治理效能更多更好地转化为人民的幸福感、获得感、安全感。独立自主是我们党从中国实际出发，依靠党和人民力量进行革命、建设、改革的必然结论。不论过去、现在和将来，我们都要把国家和民族发展放在自己力量的基点上，坚持民族自尊心和自信心，坚定不移走自己的路。今天讲独立自主，就要一以贯之坚持和发展中国特色社会主义，坚决维护国家主权、安全。坚持自主创新，把关键技术、核心技术牢牢掌握在自己手中，赢得国际竞争的战略主动和比较优势。

研读毛泽东经典著作，温故知新，常学常新，必须着力于发展当代中国马克思主义。毛泽东思想实现了马克思主义中国化的第一次历史性飞跃，中国特色社会主义理论体系实现了马克思主义中国化新的飞跃，习近平新时代中国特色社会主义思想是当代中国马克思主义、21世纪马克思主义，是中华文化和中国精神的时代精华，开辟了马克思主义中国化时代化新境界，实现了马克思主义中国化时代化新的飞跃。新时代推进马克思主义中国化的重大课题和主要任务，就是发展当代中国马克思主义，学思践悟习近平新时代中国特色社会主义思想。如何发展当代中国马克思主义，习近平总书记有系统论述和深刻阐释：一是强调坚持用马克思主义观察时代、把握时代、引领时代。二是明确提出了当代中国马克思主义、21世纪马克思主义的重大概念，特别重视和强调原创性贡献、标识性概念、引导性范畴，强化马克思主义研究的自主性、独创性、原创性、标识性。三是突出马克思主义的整体性，贯通哲学、政治经济学、科学社会主义，把马克思主义哲学作为看家本领，构建中国特色社会主义政治经济学，推动新时代中国特色社会主义不断发展。四是坚持政治性和学理性相统一，打通政治性话语与学术性话语的话语壁垒。坚持马克思主义在意识形态领域的指导地位，构建中国特色哲学社会科学的学科体系、学术体系、话语体系。五是加强中国道路的学术阐释、学术表达，用中国理论解读中国道路。增强理论自觉，坚定理论自信，讲好中国故事，加强中国话语的国际传播。

习近平总书记指出，“我们党依靠学习创造了历史，更要依靠学习走向未来”。面对波诡云谲、纷繁复杂的国际形势，面对世所罕见、时所罕见的风险挑战，如何统筹两个大局，保持战略定力，把自己的事情做好，就要在常学常新中加强理论修养，在知行合一中主动担当作为。“毛泽东经典著作研读系列丛书”的出版，有助于我们对毛泽东经典著作的研读，将会给我们带来新的感悟和思考，让我们从历史中得到启迪，从经典中汲取智慧，从学习中走向未来。

郭建宁

清华大学马克思主义学院特聘教授

习近平新时代中国特色社会主义思想研究院研究员

北京大学马克思主义学院原院长

2023年5月

导 言

1949年3月5日至13日，党的七届二中全会在河北省平山县西柏坡村召开。在会议的最后一天即3月13日，通过了根据毛泽东的报告写成的《中国共产党第七届中央委员会第二次全体会议决议》。决议通过前，毛泽东做了会议总结。总结共分十个部分，其中第二部分就是《党委会的工作方法》。党的七届二中全会是描绘新中国蓝图，为建立新中国奠基的一次重要的历史性会议。这次会议召开时，全国革命胜利在望，中国共产党即将由革命党转变为执政党，全党工作任务千头万绪，会议作出的各项政策规定，不仅对迎接中国革命在全国的胜利，而且对新中国的各项建设事业，都具有重要的指导作用。毛泽东在这次会议的总结中专门强调党委会的工作方法，意义深远。

在这次会议上，毛泽东作出了一个重要的战略判断，那就是全党工作重心的转移。他的中心思想是从现在起，我党从1927年起开始的乡村包围城市，然后取得城市的工作方式已经结束，“开始了由城市到乡村并由城市领导乡村的时期。党的工作重心由乡村移到了城市”。在新的任务和挑战面前，“我们熟习的东西有些快要闲起来了，我们不熟习的东西正在强迫我们去做。这就是困难”。[①] 毛泽东告诫全党，夺取全国胜利，这只是万里长征走完了第一步。中国的革命是伟大的，但革命以后的路更长，工作更伟大、更艰苦。为此，毛泽东提出了“两个务必”的思想，即“务必使同志们继续地保持谦虚、谨慎、不骄、不躁的作风，务必使同志们继续地保持艰苦奋斗的作风”。七届二中全会闭幕后的第 10 天，1949 年 3 月 23 日，在党中央从西柏坡动身前往北京时，毛泽东说：“今天是进京赶考的日子”，“我们都希望能考个好成绩”。赶考是否能考及格，能否不当李自成，在毛泽东看来，其中一个重要的关键点在于能否保持并进一步发挥党的正确领导。而要发挥党的正确领导作用，作为各地区各领域最高领导机关的党委会，其工作方法是关键中的关键。这也是毛泽东把党委会的工作方法作为七届二中全会十个总结中的重要一个的原因所在。

《党委会的工作方法》是一篇加强党委班子建设、提升党的领导水平和执政能力的光辉文献。文章共总结了党委会工作的

①《毛泽东选集》第 4 卷，人民出版社 1991 年版，第 1480 页。

十二条经验。第一条至第四条可看作形成科学决策的基本工作方法，包括党委书记要善于当班长，把问题摆到桌面上来，“互通情报”，要不耻下问，不懂得和不了解的东西要问下级，不要轻易表示赞成或反对；第五条和第六条可看作如何抓工作落实的基本工作方法，包括学会“弹钢琴”，要“抓紧”；第七条至第九条实际上是如何召开党委会的工作方法，要胸中有“数”，出“安民告示”，“精兵简政”；第十条至第十二条则是对工作作风的要求，要注意团结那些和自己意见不同的同志一道工作，力戒骄傲，划清两种界限等。这篇文章是毛泽东对党的领导经验和工作方法的深刻总结，体现着马克思主义的立场、观点和方法。文章既有对党过去长期奋斗经验的回顾与梳理，也有对党的事业发展的规律性把握，既是毛泽东对马克思主义方法论在党的领导方面的具体运用，也是他对党的领导经验和工作方法的深刻总结，每一条经验都是在血与火的斗争考验中锤炼而成的，都是对中国革命经验的精辟概括。对即将掌握全国政权的中国共产党来说，《党委会的工作方法》提出了具体、明确而且切实有效的工作方法的指导，同时十二条工作方法中所蕴涵的中国共产党在27年的奋斗中形成的政治纪律与政治规矩，对于指导中国的革命和建设事业有着长远的价值和意义。

从毛泽东写《党委会的工作方法》至今，70 多年的时间已经过去了，尽管我们党的执政条件和社会环境发生了很大变化，但毛泽东同志这篇文章的基本思想与基本精神依然历久弥新，长盛不衰。2016 年 2 月，习近平总书记就学习毛泽东同志《党委会的工作方法》作出重要批示。这是党的十八大以来习近平总书记首次向全党推荐的毛泽东的单篇著作，足见这篇文章的分量。中组部发出通知，要求把《党委会的工作方法》纳入“两学一做”学习教育重要内容，真正把握《党委会的工作方法》的基本思想，提高领导能力和执政水平。习近平总书记要求，学习这篇著作，各级党委（党组）领导班子成员特别是主要负责同志要学习和掌握科学的工作方法和领导艺术，同样更要学习掌握党的政治纪律和政治规矩，同时要全面加强党委（党组）领导班子的思想政治建设、作风建设和能力建设，以切实加强和改善党的领导，确保党始终成为中国特色社会主义事业的坚强领导核心。这篇文章不仅对于领导干部，对于普通党员加强党性修养，学习工作方法，同样有着重要的指导意义。

《党委会的工作方法》是根据毛泽东在七届二中全会的讲话记录稿刊印的。该会议总结共包括十个部分。其中第三、四、五、六、九等五个部分都收录在《毛泽东文集》第 5 卷的《在中共七届二中全会上的总结》中；第二部分回答“党委会如何工作”的内容则以《党委会的工作方法》单独成章，收录在 1960 年版的《毛泽东选集》第 4 卷，1991 年出版的《毛泽东选集》第二版第 4 卷。2011 年由中央文献出版社出版的《建党以来重要文件选编（1921—1949）》第 26 册亦收录此文。2016 年，习近平总书记就学习毛泽东同志《党委会的工作方法》作出重要批示，对各级党委特别是主要负责同志重温这篇著作提出明确要求。同年 2 月，《党委会的工作方法》单行本由人民出版社出版，成为“两学一做”学习教育的重要文献。本文所采用的是 1991 年人民出版社出版的《毛泽东选集》第 4 卷所刊印的版本。

目　录

结　语

附　录

第一章

写作背景

党的委员会制度作为一种较能体现政党组织民主性的组织形式，一直为马克思主义经典作家所推崇。中国共产党成立之初，即采用党的委员会制度，将其作为权力组织形式。如何保持党委会制度的正确运行，民主与集中之间的关系如何处理，是中国共产党在新民主主义革命实践中一直探索和研究的重大课题。新中国成立前夕，中国共产党在政治上即将实现从革命党向执政党的转型，从一个“善于破坏一个旧世界”的政党，要变成一个“善于建设一个新世界”的政党。毛泽东清醒认识到，要完成新的历史任务，就必须改善党的领导方式和工作方式。1948 年底至 1949 年初，毛泽东接连撰写《关于健全党委制》和《党委会的工作方法》两篇文章，在强调健全党委会集体领导的同时又总结了行之有效的工作方式。两篇文章虽然都很简短，但意义深远，为中国共产党从领导革命向领导建设的转型做了重要准备。

一、党委会制度的创建

党的委员会制度作为一种较能体现政党组织民主性的组织形式，一直为马克思主义经典作家所推崇。在马克思、恩格斯那里，民主是无产阶级革命追求的目标。“工人革命的第一步就是使无产阶级上升为统治阶级，争得民主。”[①] 对于民主的价值追求使马克思和恩格斯在参与创建世界上第一个无产阶级政党——共产主义同盟，以及指导其他国际性政党和各国无产阶级政党的创建时，都主张一定要实行彻底的、真正的民主原则。对于国际共产主义组织的制度形式，他们一致主张实行委员会制。在 1847 年底召开的共产主义者同盟第二次代表大会上，马克思、恩格斯起草的《共产主义者同盟章程》获得通过。该章程对同盟的组织领导机构、各机构的权力配置及运行机制有比较明确的规定。从权力组织结构来说，该章程确立了代表大会制和委员会制的基本架构；从权力配置来说，章程要求党组织的权力是在共同讨论的基础上集体行使，而非突出个人在委员会组织

①《马克思恩格斯选集》第 1 卷，人民出版社 2012 年版，第 421 页。

及代表大会中的权力。正如恩格斯晚年在总结共产主义者同盟历史时所说："组织本身是完全民主的，它的各委员会由选举产生并随时可以罢免，仅就这一点就已堵塞了任何要求独裁的密谋狂的道路。"[①]

马克思、恩格斯虽然一再强调委员会制的民主特性，但并不否认集中，并不否认共产党组织的纪律与权威的重要性。无产阶级政党的根本目标和主要任务是消灭一切不平等的制度，实现无产阶级和全人类的彻底解放，建立理想的社会共同体——共产主义社会。无产阶级政党不是西方式的选举型政党，而是革命党，担负着革命建国和实现社会主义与共产主义的伟大历史使命。因此，与西方政党相比，无产阶级政党不仅担负着表达和综合民意以及选举动员的责任，更是一个具有统一意志、强大战斗力、坚定不移的宏大目标的组织集体。因此，与西方国家的选举型政党相比，无产阶级政党需要更完整的组织体系、更严密的组织纪律和更趋于集中化的权力配置。马克思提出："必须绝对保持党的纪律，否则将一事无成"。[②] 恩格斯说巴黎公社之所以失败，"就是由于缺乏集中和权威"。恩格斯认为，胜利以后，你

①《马克思恩格斯选集》第 4 卷，人民出版社 2012 年版，第 207 页。
②《马克思恩格斯全集》第 29 卷，人民出版社 1972 年版，第 413 页。

们可以随意对待权威，但是，“为了进行斗争，我们必须把我们的一切力量捏在一起，并使这些力量集中在同一个攻击点上。如果有人向我说，权威和集中是两种在任何情况下都应当加以诅咒的东西，那么我就认为，说这种话的人，要么不知道什么叫革命，要么只不过是口头革命派”[①]。同时他们还强调，发扬党内民主，允许自由发表意见和讨论与遵守纪律并不矛盾，“为了不致蜕化成为宗派，我们应当容许讨论，但是共同的原则应当始终不渝地遵守”[②]。

列宁在建党实践中发展了工人阶级政党组织的委员会制，确立了民主集中制的建党原则。但是，与马恩时代相对宽松的政党存在环境相比，俄国布尔什维克党是在极端专制和险恶的环境下产生的，在这种环境下，集权比民主更有必要，也更有实现的可能，因为只有这样，无产阶级政党才能获得生存的机会。因此，列宁指出：“在黑暗的专制制度下，在流行由宪兵来进行选择的情况下，党组织的‘广泛民主制’只是一种毫无意思而且有害的儿戏。”列宁认为，在不具备实行民主监督的环境之时，“我们运动中的活动家所应当遵守的唯一

①《马克思恩格斯选集》第 4 卷，人民出版社 2012 年版，第 500 页。
②《马克思恩格斯全集》第 22 卷，人民出版社 1965 年版，第 480 页。

严肃的组织原则是：严守秘密，极严格地选择成员，培养职业革命家”。[1] 列宁一直强调，“无产阶级在争取政权的斗争中，除了组织，没有别的武器”。[2] 由于无产阶级政党的敌人——资产阶级的强大，“无产阶级专政是必要的，不进行长期的、顽强的、拼命的、殊死的战争，不进行需要坚持不懈、纪律严明、坚定不移、百折不挠和意志统一的战争，便不能战胜资产阶级”。列宁指出：“如果我们党没有极严格的真正铁的纪律，如果我们党没有得到整个工人阶级全心全意的拥护，就是说，没有得到工人阶级中所有一切善于思考、正直、有自我牺牲精神、有威信并且能带领或吸引落后阶层的人的全心全意的拥护，那么布尔什维克别说把政权保持两年半，就是两个半月也保持不住。”[3] 政党极其恶劣的生存环境，使得列宁的建党思想中虽然并不反对民主思想，但是更强调集中制的重要性，一旦党内一些派别活动超出一定的思想范畴，成为可能造成党的分裂的存在时，列宁是坚决不允许的，这一点深刻影响了列宁的建党理念。

列宁之后也逐渐接受了罗莎·卢森堡以及党内民

①《列宁选集》第 1 卷，人民出版社 2012 年版，第 418、419 页。
②《列宁选集》第 1 卷，人民出版社 2012 年版，第 526 页。
③《列宁选集》第 1 卷，人民出版社 2012 年版，第 134—135 页。

主派的意见，1905 年 11 月 6 日，俄国社会民主工党的孟什维克全俄代表大会召开，就明确了俄国社会民主工党的组织原则是民主集中制。同年 12 月，布尔什维克召开代表大会，通过《党的改组》决议案，同样确认了民主集中制的组织原则。

1906 年 4 月，俄国社会民主工党第四次代表大会召开，在这次代表大会上，布尔什维克提交的《党组织的基础》的决议草案中明确："（1）党内民主（的）集中制是现在一致公认的原则；（2）在目前的政治条件下实行民主集中制固然有其困难，但是在一定限度内仍然是可以实行的。"同时又建议大会承认："（1）党组织的选举应该自下而上地予以贯彻；（2）只有在无法克服的警察阻挠和极特殊的情况下，才可以放弃这一原则，实行二级选举或由选举机关遴选等等；（3）迫切需要保持和加强党组织的秘密核心。"在布尔什维克代表告全党书中写道："在民主集中制的原则方面，在保障任何少数和任何忠实的反对派方面，在每个党组织的自治权方面，在承认党的一切负责人员必须由选举产生，必须汇报工作并且可以撤换等方面，我们的意见都是一致的。我们认为：切实遵守这些组织原则，诚恳和一贯地贯彻这些组织原则，就是保证党不发生分裂……”[1]大会通过的《组织章程》最终明确规定“党的一切组织是按民主集中制原则建立起来的”[2]。1917年十月革命胜利后，已经成为执政党的布尔什维克党各级党委按照民主集中制原则进行了改组。但是，由于长期处于激烈的党内斗争和帝国主义武装干涉的环境当中，迫使布尔什维克党在党内组织生活中常常更强调集中甚于民主，这种情况对仿效苏俄模式建立的其他无产阶级政党的组织形式产生了直接影响。

1921年中国共产党成立之初，仿效俄共（布）组织制度与领导体制，采用党的委员会制度（以下简称党委会制度），将其作为权力组织形式。在中共党内民主制度体系中，这是极其重要的一项基本制度，是党实现集体领导的主要表现形式。中共一大通过的党纲，对党委会制度作出了规定：“凡有党员五人以上的地方，应成立委员会”；“凡是党员不超过十人的地方委员会，应设书记一人”；“超过十人的应设财务委员、组织委员和宣传委员各一人”；30人以上的应选出执行委员会。“委员会的党员人数超过五百，或同一地方设有五个委员会时，应由全国代表会议委派十人组成执行委员会”，如

①《苏共决议汇编》第1分册，人民出版社1956年版，第139、149页。

② 中共中央党校党建教研室编：《苏联共产党章程汇编》，求是出版社1984年版，第11页。

果无法实行的，应成立临时中央执行委员会。[①]不过，党的一大在党纲上并没有对中央组织与地方组织之间的关系、党的代表大会与党的委员会之间的关系等一系列重要问题作出明确规定。由于当时党员人数很少，地方的党组织也大都没有建立起来，党的一大决定暂不成立中央执行委员会，而只设立中央局作为党中央临时领导机构。

党的一大时初步确立的党委会制度，在党的二大到四大期间又逐步进行了完善。严格来说，委员会制作为较为完备的权力组织体制是在党的二大上才正式建立的。党的二大通过的《中国共产党章程》和《关于共产党的组织章程决议案》，是两个完全体现列宁主义建党原则的规范性文件。虽然还没有提出民主集中制的概念，但党的二大却依据民主集中制的原则精神基本完成了对党的组织体制和领导体制的构建。党的二大对中央执行委员会、地方委员会的任期、职权、中央执行委员会与地方执行委员会的关系等做出了较为详尽的规定。如中央执行委员会任期一年，区及地方执行委员会任期半年；中央执行委员会执行各种决议，审议和决定党的

①《建党以来重要文献选编（1921—1949）》第 1 册，中央文献出版社 2011 年版，第 2 页。

一切政策及进行方法；区及地方执行委员会执行上级机关决议并且在权限范围内审议和决定一切进行方法。区或地方执行委员会及各组均须执行及宣传中央执行委员会所定政策，不得自定政策。凡有关系全国之重大政治问题发生，中央执行委员会未发表意见时，区或地方执行委员会，均不得单独发表意见，等等。[①]1925 年党的四大又对党委会成立条件作出规定：凡有党员三人以上均得成立一支部；在中央、区以及地方委员会和支部中分别设立总书记和书记的职位等。

1927 年，中共五大正式提出："中央应该强毅地实行集体的领导，从中央、省委以至支部。"党的五大通过的党章第一次对党的各级组织设立专章，分别有"党的中央机关""省的组织""市及县的组织""区的组织""党的支部""监察委员会""党团"等，使各级党委会的地位及职权更加明确。[②]确立集体领导的基本原则，是中共党委会制度建设的一个重大突破。

在确立党委会集体领导的权力组织形式的同时，虽然直到 1927 年党的五大之后中共中央政治局议决案通

①《建党以来重要文献选编（1921—1949）》第 1 册，中央文献出版社 2011 年版，第 164—167 页。

②《建党以来重要文献选编（1921—1949）》第 4 册，中央文献出版社 2011 年版，第 208 页。

过的第三次党章修正案中，中共才明确提出“党部的指导原则为民主集中制”，须“按照民主集中制的原则在一定区域内建立这一区域内党的最高机关，管理这一区域内党的部分组织”[①]，但是从党的一大开始，中共已经明确表明“承认苏维埃的管理制度”，党的二大、三大、四大关于党的活动的规定中，都可以明确看出中国共产党对于民主集中制这种党的组织原则的认同。

建党伊始，党的早期主要领导人陈独秀与李汉俊之间曾有过关于“集权”与“分权”之争。陈独秀主张实行中央集权制，李汉俊主张地方分权制。据党的一大代表同时也是党早期重要理论家的李达回忆，正式建党之前的 1921 年 2 月，陈独秀曾起草一份党章并寄到上海，李汉俊看到草案上提出党的组织须采取中央集权制，非常不满，“说陈独秀要党员拥护他个人独裁，因此李汉俊也起草了一个党章，主张地方分权，中央只不过是一个有职无权的机关”。陈独秀看了以后，“大发雷霆”。[②]中共早期共产党员中相当一部分为无政府主义者转化而来，李汉俊就是其中之一。他担心中央集权制会导致个

①《建党以来重要文献选编（1921—1949）》第 4 册，中央文献出版社 2011 年版，第 268 页。

②《“一大”前后：中国共产党第一次代表大会前后资料选编》(二)，人民出版社 1985 年版，第 9 页。

人专制，主张建立一个地方分权的、更能充分体现民主的、组织较松散的政党。

但实际上，李汉俊对陈独秀中央集权制主张的认识是存在误解的，陈独秀主张的中央集权制的本意是“民主集权”，并不是要建立以集权于个人为特征的党魁制。在党的权力组织形式上，陈独秀当时曾明确主张采取委员会制，反对集权于个人。张国焘曾回忆，建党之初，当他与陈独秀讨论组织问题时，陈独秀主张“中国共产党不采党魁制，如孙中山先生之任国民党的总理那样”。而且当时陈独秀还举了许多事例，证明中国过去各政党因采取党魁制而发生的种种流弊。陈独秀说，中共应采取“较民主的委员制”，“从委员中推举一个书记出来负联络之责；其他委员分担宣传、组织等各方面的工作。他认为这种组织方式已由俄国共产党证明其妥善，也适合中国的实际情形。他强调减低书记的职权，遇事公决。这不仅可以确立党内民主的作风，也可以杜绝党魁制的个人独裁及官僚式的流弊”[①]。由此可见，陈独秀虽提出“中央集权制”的组织原则，但集权并非独裁，他一直力主用委员会制来克服党魁制的弊端。

陈独秀的这种观点在建党初期得到大多数早期共产

---

① 张国焘：《我的回忆》第 1 册，东方出版社 1980 年版，第 95—96 页。

党人的认同。据张国焘回忆，中共“一大”期间，对于中国共产党采取何种党纲和政纲，李汉俊曾经提出先成立马克思主义的研究机构，经过“精深”的研究再做决定的观点，他的主张遭到了大多数代表的反对。刘仁静针锋相对地与其展开争论，提出“中国共产党应信仰革命的马克思主义，以武装暴动夺取政权，建立无产阶级专政，实现共产主义为最高原则”。其他代表也对刘仁静的观点表示支持。大会期间，“除陈公博有时对他（指李汉俊）表示一些含混的同情外，所有代表都给予他不同程度的批评。大多数代表主张中共应确立无产阶级专政的基本原则”。经过深入讨论之后，党组织采取委员会制，一切决定经由党员的民主讨论，少数服从多数、下级服从上级，党员应服从纪律、保守秘密等基本组织形式与组织原则得以确立。①

不过，虽然已经明确了组织形式为党的委员会制度，组织原则为民主集中制，但是，生存于恶劣的政治环境之中，同时也受苏俄政党组织体制的影响，各方面都不成熟的中国共产党在实践中并未能完全遵守“民主集中制”的组织原则。

① 张国焘:《我的回忆》第 1 册，东方出版社 1980 年版，第 139—141 页。

二、党委会制度的早期实践

毫无疑问，中国共产党在成立初期对党的组织形式及组织原则的探索是非常必要且有益的，对于党的成长发展具有重要意义。然而，由于此时的党尚处于幼年时期，虽然确立了“委员会”的组织形式，确立了民主集中制的组织原则，不过，这并不代表在实践过程中就能够顺利推行。民主与集中之间的关系如何处理，是从党的一大以来中国共产党在其组织活动中一直面对但实际上很难平衡的问题。

党的一大召开之前，作为中国共产党早期的重要理论家，在法国期间“猛看猛译”马克思主义学说的蔡和森在与毛泽东的几次通信中，多次向毛泽东介绍列宁的建党原则，并旗帜鲜明地表达了对实行阶级革命和无产阶级专政的欣赏和推崇，并且力主迅速在中国建立共产党。1920 年 8 月，在写给毛泽东的信中，蔡和森说：“我以为先要组织党——共产党。因为它是革命运动的发起者、宣传者、先锋队、作战部。以中国现在的情形来看，须先组织它，然后工团、合作社，才能发生有力的组织。革命运动、劳动运动才有神经中枢。但是宜急宜缓呢？我以为现在就要准备。”[①]一个月后，在给毛泽东的信中，他再一次讲道：“非组织与俄一致的（原理方法都一致）共产党，否则民众运动、劳动运动、改造社会皆不会有力，不会彻底。”而对于这个“与俄一致”的政党组织，蔡和森特别强调“铁的纪律”的重要性。他认为：“党的组织为极集权的组织，党的纪律为铁的纪律，必如此才能养成少数极觉悟极有组织的份子，适应战争时代及担负偌大的改造事业。”他并举俄共情况为例，“在十月革命前，党的方略为多方面的，无论报纸，议院，团体，以及各种运动绝对受中央委员会的指挥和监督。绝不准单独自由行动”。[②]

毛泽东对蔡和森的建党主张完全赞同，在回信中他这样写道：“你这一封信见地极当，我没有一个字不赞成。党一层，陈仲甫先生等已在进行组织。”[③]既要强调“集中”“集权”“铁的纪律”，同时要兼顾“民主集中制”原则，对于正处于幼年时期，又处在白色恐怖环境中的中国共产党而言，两者之间的关系实际上是很难平衡的。加之中共早期领导人的个人性格影响，使得中国共产党成立早期不可避免地出现了党内的个人集权，部分

①《蔡和森文集》上册，人民出版社 2013 年版，第 57 页。
②《蔡和森文集》上册，人民出版社 2013 年版，第 73—74 页。
③《毛泽东书信选集》，人民出版社 1983 年版，第 15 页。

领导人家长制作风浓厚等情况，导致党的委员会制度在执行中时常出现偏差。

李达说陈独秀“领袖欲”极强，和同志们辩论的时候，动辄“拍桌子，砸茶碗，发作起来”，但平静下来也会意识到前面做得“过火了”，“他就是这么样的人”。[①] “四一二”反革命政变后，党内一些领导同志对陈独秀的右倾思想提出批评，要求党应依靠人民群众，发展革命力量，反击反革命的进攻，但陈独秀对此颇为不满。1927 年 7 月 1 日，中央召开武昌会议，对当前形势进行研究讨论。面对同志们对陈独秀“退让”“投降”思想的批评，据杨之华回忆，在瞿秋白发言时，陈独秀就“一根接着一根吸烟，露出不耐烦的神色，但总算还勉强克制着自己。可是，当任弼时同志发言时，陈独秀就再也忍耐不住了……弼时同志刚说了几句，陈独秀便跳起来，竟蛮横地从弼时同志手中抢过这个宣言稿，把它甩在地上，用脚使劲践踏，以此来发泄他对反对他的

① 《“一大”前后：中国共产党第一次代表大会前后资料选编》（二），人民出版社 1985 年版，第 16 页。

错误路线的同志们的愤怒”[①]。有不同意见尽可以畅所欲言、明确表达，但身为一党之领袖的陈独秀却如此粗暴地对待自己的同志，践踏党内民主，这与党的组织原则完全背道而驰。

八七会议上，中央对党内“机会主义”政策盛行的原因进行了深入分析。蔡和森说中共中央“政治局的指导简直与国民党一样，并且还以小资产阶级几个上层领袖的意识为转移”，故而大声疾呼“过去党的家长制到现在已经不适用了，非打倒不可”[②]。会议通过的《告全体党员书》一针见血地指出党内领导存在的问题：“党里面完全是宗法社会的制度，一切问题只有党的上层领袖决定，而‘首领’的意见不但总应当认为是必须服从的，而且总以为无条件的每次都是对的”，于是，“党内的民权主义完全变成空话”，“民权主义完全是形式上

① 杨之华：《五大前后》，《中国共产党第五次全国代表大会档案文献选编》，中共党史出版社 2015 年版，第 325 页。关于这段历史，李维汉在《关于八七会议的一些回忆》一文中与杨之华的回忆有所不同，李维汉说是在 6 月 30 日的中央扩大会议上，在陈独秀强行要通过国共关系十一条议决案时，任弼时代表团中央提出批评意见，陈独秀看了“大发雷霆，也不传阅，就把它撕得粉碎，扔在地上，用脚踏上。任弼时要求发言解释，陈独秀蛮横拒绝，以致大家不便多发言，而集投降主义错误大成的十一条也就不明不白地通过了”。《中共六十年纪念文选》，中共中央党校出版社 1982 年版，第 484 页。

②《蔡和森文集》（下），人民出版社 2013 年版，第 874—875 页。

的”，“没有党内的生活，没有党内的舆论，没有对于指导者的监督，没有党员群众对于指导者的督促”。[①] 大革命的惨痛教训使中国共产党认识到，革命的政党需要高度的集中统一，但是这种集中统一的基础必须建立在党内民主的基础上。因此，八七会议特别强调，现在中共所处的环境更加恶劣，党必须要造成“坚固的能奋斗的秘密机关”，这种秘密状态之中，需要最大限度的集权。“但是集权制度不应当变成消灭党内的民权主义”。“最近党所做的机会主义的错误，需要彻底的讨论，付在群众之中加以审查，并根据之以审查各级党部的指导机关。因此，不论如何严重的压迫，必须在本次会议后，设法极慎密的进行党内的讨论：先由支部讨论，然后在各省之区、县、市、省开秘密会议，详细讨论党的政策问题，而根据这种讨论，改造各级党部的机关。”[②]

但是八七会议集中批判集权思想之后，党的组织中又出现了另一种倾向——极端民主制，“真的民主集中制倒没有执行，倒走到一个小资产阶级民主制上去了”，过去太过家长制，但现在却是“矫枉过正”，“犯了极端

①《建党以来重要文献选编（1921—1949）》第4册，中央文献出版社2011年版，第437—438页。

②《建党以来重要文献选编（1921—1949）》第4册，中央文献出版社2011年版，第449—451页。

的小资产阶级民权主义的错误”。[1] 有鉴于此，1928 年召开的中共六大强调，必须实行“真正的”民主集中制。要求在“秘密条件之下尽可能的保证党内的民主主义；实行集体的讨论和集体的决定主要问题；同时反对极端民主主义的倾向”[2]。1928 年 11 月，中共中央发布《告全体同志书》，再次强调对党内现存的“极端民主化”倾向的警惕，报告说，之前组织上存在的问题是“家长制”，“党员群众对于党部，下级机关对于上级，只有机械的服从，而无活泼的党的生活”。但现在许多地方又走向极端民主化，“同志对于党的决议，可以随便不执行。上级机关发一传单，没有交支部通过，支部居然提出质问。同志不得党的许可，可以自由行动。这种小资产阶级极端自由的思想，可以把党的组织打得粉碎，以至于消灭。还有一种不正确的平等观念，如用钱，不管工作的重要与环境，要机械的平均分配，用人要按地域区分”，中央要求，这种现象，完全是农民意识均产思想的反映，“尤须严厉的肃清”[3]。

①《建党以来重要文献选编（1921—1949）》第 5 册，中央文献出版社 2011 年版，第 342、347 页。

②《建党以来重要文献选编（1921—1949）》第 5 册，中央文献出版社 2011 年版，第 395 页。

③《建党以来重要文献选编（1921—1949）》第 5 册，中央文献出版社 2011 年版，第 717 页。

1929年12月，毛泽东在红四军“九大”上对党的民主集中制建设进行了经验总结。他指出，党内存在的极端民主化倾向的来源是小资产阶级的自由散漫性，“极端民主化”的危险在于，“损伤以至完全破坏党的组织，削弱以至完全毁灭党的战斗力，使党担负不起斗争的责任，由此造成革命的失败”。因此，毛泽东提出了党的根本组织原则，即“厉行集中指导下的民主生活”。具体而言，党的领导机关要有正确的指导路线，遇事要拿出办法，以建立领导的中枢；上级机关要明了下级机关的情况和群众生活的情况；党的各级机关解决问题，不要太随便；上级机关的决议，必须迅速地传达到下级机关和党员群众中去；党的下级机关和党员群众对于上级机关的指示，要经过详尽的讨论，以彻底地了解指示的意义，并决定对它的执行方法。[①] 这次会议进一步明确了党的组织建设的原则，对加强党和红军的建设产生了深远影响。

然而，党内民主集中制组织原则执行不力的情况不是一朝一夕可以解决的。严酷的斗争环境以及分散主义、极端民主化倾向的出现，使当时在党委会及其他各

---

①《建党以来重要文献选编（1921—1949）》第6册，中央文献出版社2011年版，第729—730页。

项工作中往往将加强集中放在突出地位，从而影响了党内民主的发展。没有党内民主生活的支持，集体领导的党委会制度在实践中往往难以正常运转。20 世纪 30 年代初，中共党内“左”倾错误严重，更是严重破坏了党的集体领导和民主集中制原则，给中国革命造成了巨大损失。

1937 年，由于国内形势的变化，国共两党初步达成“停止内战，一致抗日”的共识，中共所处的客观条件也发生了变化。在党的组织活动中，开始强调“扩大党内民主”的重要性。1937 年 5 月，在延安召开的苏区党的代表大会要求，党的委员会必须按期开会，一切重要问题必须经过全会讨论与决定；常委会应该是集体的工作，在严密分工的个人负责制的基础上，一切工作应经常委会集体讨论与决定；各级委员会必须有系统地召集积极分子会议，保证每一个重大的政治问题及地方问题，都经过积极分子的会议的讨论；应该保证讨论的自由，但是在决议通过后必须严格地遵守少数服从多数的原则等。① 同月召开的白区工作会议，也同样提出扩大党内民主的问题。刘少奇指出，党的集体领导，也只

①《建党以来重要文献选编（1921—1949）》第 14 册，中央文献出版社 2011 年版，第 217 页。

有在民主基础上才能建立起来。只有广泛地吸收了全体同志的经验与好的意见，才算是真正的集体领导。党的民主集中制与个人负责是必须同时采用的。重要问题应该民主决定，但工作的执行则应个人负责。[①]1938 年 10 月，党的六届六中全会进一步强调，坚持党的集体领导是发展党内民主的重要一环，会议制定了《关于中央委员会工作规则与纪律的决定》《关于各级党委暂行组织机构的决定》《关于各级党部工作规则与纪律的决定》三个党内法规，对于实行党委会领导作出了更为具体的规定。这些认识与规定，使党委会工作方式在程序化、规范化、制度化方面取得重大进展，对于党委会制度建设具有重要意义。

然而，随着抗战形势的发展，国共之间的摩擦日益严重，至 20 世纪 40 年代前后，由于各抗日根据地处于严重被封锁、分割的状态，其独立性和游击性增大，又出现了“分散主义”的倾向。一些干部“在自己的工作岗位上，爱好自成系统，自成局面，在政治上自由行动，不喜欢党的领导和监督，不尊重中央和上级的决定，甚至在他们处理一些应当由中央统一决定的重要问题的时

①《建党以来重要文献选编（1921—1949）》第 14 册，中央文献出版社 2011 年版，第 254 页。

候，也事前既不向中央和上级机关请示，事后又不向中央和上级机关报告，违背党的政策和纪律，危害党的统一”[①]。这种现象，严重削弱了对敌斗争的整体力量。

为适应严酷的战争环境，解决抗日根据地党政军民关系中存在的“统一精神不足，步伐不齐，各自为政，军队尊重地方党、地方政权的精神不够，党政不分，政权中党员干部对于党的领导闹独立性，党员包办民众团体，本位主义，门户之见”等问题，继1941年中共中央通过《关于增强党性的决定》之后，1942年9月1日，中共中央发出《关于统一抗日根据地党的领导及调整各组织间关系的决定》，其目标是实现“根据地领导的统一与一元化”，“每个根据地有一个统一的领导一切的党的委员会（中央局、分局、区党委、地委），因此，确定中央代表机关（中央局、分局）及各级党委（区党委、地委）为各地区的最高领导机关，统一各地区的党政军民工作的领导”，并强调指出：“党的领导一元化，一方面表现在同级党政民各组织的相互关系上，又一方面则表现在上下级关系上。在这里，下级服从上级，全党服从中央的原则之严格执行，对于党的统一领导，是有决定意义的。”同时还指出：“加强各抗日根据地领导

①《邓小平文选》第1卷，人民出版社1994年版，第227页。

的统一，是为了更顺利的进行反对日寇的战争，‘一切服从战争’是统一领导的最高原则。”① 为明确这个决定的要求，中共中央于 1942 年 12 月 1 日又发出了《中央关于建立各级领导核心的指示》，规定在军区、分区两级建立领导核心，只留三个主要负责人，分负党委、政府、军队责任，其中一人为书记，是领导核心。由此实现了党的一元化领导。

实现党的领导的一元化，实现党的委员会对党、政、军、民等一切工作实行统一领导，是革命形势发展到一定历史阶段的产物，这种体制在特定历史时期对于地方党组织和军队发挥各自的主动性和积极性，发挥了重要作用。但是，在严峻战争形势下采取的“一元化”领导体制在实际工作中往往变成重大问题常由党委书记一人来决定，而由于长期处在敌人白色政权的包围和分割以及农村环境之中，武装割据和游击战争的客观形势所导致的各地方党和军事的领导机关又保持着很大的自治权，以及由此所产生的无纪律状态和无政府状态，地方主义和游击主义，也不是短时期内可以解决的。这种现象随着革命形势的发展亟须予以修正。

---

①《建党以来重要文献选编（1921—1949）》第 19 册，中央文献出版社 2011 年版，第 423、428、429 页。

三、要善于建设一个新世界

1948年，全国革命形势已经有了极大的进展，人民解放军和人民解放战争的正规性程度大为提高，全国很多区域已经完成土地改革，许多解放区已经连成一片，许多城市已经或者即将解放，全国革命胜利在望。此时，中国共产党领导的革命战争面临着由游击战争向正规战争转变，解放区逐步由分散走向集中，全党工作重心由农村向城市转变的态势。中国共产党已经发展成为300多万党员的广大群众性的大党，“全国广大阶层的人民群众日益积极地和广大地要求参加民主的政治生活，在这种形势下，我们党与政府就有可能和必要实现正规的民主生活了，过去时期党内存在着的民主生活不足的状况，就必须加以改变”。[①] 当时，以下情况非常普遍：

一是许多地方普遍存在着无纪律状态或无政府状态，“仍然有一些（不是一切）中央局和分局的同志，

①《建党以来重要文献选编（1921—1949）》，中央文献出版社2011年版，第516页。

不认识事先或事后向中央作报告并请求指示的必要和重要性，或仅仅作了一些技术性的报告和请示，以致中央不明了或者不充分明了他们重要的（不是次要的或技术性的）活动和政策的内容，因而发生了某些不可挽救的、或难以挽救的、或能够挽救但已受了损失的事情”[①]。一些地方党委“擅自修改中央的或上级党委的政策和策略，执行他们自以为是的违背统一意志和统一纪律的极端有害的政策和策略；在工作繁忙的借口之下，采取事前不请示事后不报告的错误态度，将自己管理的地方，看成好像一个独立国”[②]。毛泽东说，党内无纪律和无政府状态已到了“令人不能容忍的程度”。“从中央机关、中央代表机关，一直到各地，报喜不报忧，瞒上不瞒下，封锁消息。村有杀人之权。一个干事可以把一个大工厂的厂长（资本家）搞死，九个照顾变成了九个不照顾，搬起石头打自己的脚。一些人因为没有分田，

①《毛泽东选集》第 4 卷，人民出版社 1991 年版，第 1265 页。
②《毛泽东选集》第 4 卷，人民出版社 1991 年版，第 1332 页。

他们嗷嗷待哺。这些状态必须改变。”①

二是一些领导机关，“个人包办和个人解决重要问题的习气甚为浓厚。重要问题的解决，不是由党委会议做决定，而是由个人做决定，党委委员等于虚设。委员间意见分歧的事亦无由解决，并且听任这些分歧长期地不加解决。党委委员间所保持的只是形式上的一致，而不是实质上的一致”。② 晋冀鲁豫军区作为恢复部队党委制的试点军区，1947 年就曾报告说：“大半年来，各纵委旅委都没有建立起党的领导”，“部队中党委的领导，除团一级还保持着些日常发展与教育党的工作外，象红四军九次大会时那样的对军事政治工作实行一元化的领导的有力的党委，一般都没有建立起来，部队很多重

① 1946 年，在讨论起草《中共中央关于土地问题的指示》（即“五四指示”）过程中，有些解放区针对一些地方土地改革中出现的“左”的错误，提出需要从政策上规定一系列的照顾，内容有九条，即照顾中农利益，分给中农斗争果实；照顾富农的自耕部分；照顾“军干属地主”（抗日军人及抗日干部之家属中属于地主成分者），多留一些土地，政治上替他们保留面子；照顾中小地主，多留一些土地；照顾开明绅士（与“军干属地主”相同）；照顾被汉奸恶霸利用的人员中的贫苦出身者；照顾地主富农开设的工商业，除大汉奸大恶霸开设的由行署以上政府没收外，一律不动；照顾一切可能团结的知识分子，家庭是地主者多留一点土地，家庭是劳动人民者多分点斗争果实；照顾地主人员的生活出路，对豪绅、恶霸、大地主，除依法处死者外，也要留给土地，给他们饭吃，对逃亡地主应争取其回家并给以生活出路。这些照顾当时被称为“九个照顾”。

②《毛泽东选集》第 4 卷，人民出版社 1991 年版，第 1340 页。

要措施，仍然不是经过党委形式的民主的讨论，然后实施，还是采取首先简要会谈的方法。这一阶段中，部队之党委的领导与工作是很弱的，甚至于有的是半停顿的状态。”因此提出“有立即健全各级党委的领导与工作的必要”。[①]

全国革命胜利在望，中国共产党在政治上即将实现从革命党向执政党的转型，中国共产党从一个“善于破坏一个旧世界”的政党，要变成一个“善于建设一个新世界”的政党，我们的工作重点即将从乡村转向城市。客观形势的发展变化，“要求我党用最大的努力克服这些无纪律状态和无政府状态，克服地方主义和游击主义，将一切可能和必须集中的权力集中于中央和中央代表机关手里，使战争由游击战争的形式过渡到正规战争的形式”。[②] 为了完成新的历史任务，需要不断改善和改进党的工作方式。1948 年底至 1949 年初，毛泽东接连撰写《关于健全党委制》和《党委会的工作方法》，使我们党在即将“进京赶考”之际，进一步规范了党的领导方式，从而为我们党从领导革命向领导建设的转型做好充分准备，以迎接一个新时代的到来。

---

① 中国人民解放军政治学院党史教研室编:《中共党史参考资料》第 11 册，第 182 页。

②《毛泽东选集》第 4 卷，人民出版社 1991 年版，第 1346 页。

1948年9月8日至13日，中共中央在河北省平山县西柏坡村召开政治局扩大会议，除在军事、经济上作出部署外，会议还重点强调了党的纪律性问题，“从乡村走向城市，更须强调统一和纪律，才可以避免出现类似张国焘的问题”。会议通过的《中共中央关于召开党的各级代表大会和代表会议的决议》，对党委会制度作出了具体规定，如必须按照党章规定各级党委定期召开党的各级代表大会或代表会议，一切权利不许侵犯。

《决议》为了保障党委会的领导提出了从集中和民主两个方面进行党内组织原则的规定。在集中方面，强调党内有不同意见的争论要及时、真实地向上级报告；必须严格实行少数服从多数、下级服从上级的规定，在问题一经决定和上级批准后，须完全服从，坚决执行，不得反对；党内的民主在集中的领导下进行等。在民主方面，各级党委必须实行重要问题经党委集体讨论和作出决定的制度，不应由个人决定；提出必须保证一切代表在会议上有完全的发言权和表决权；不准对上报不同意见的同志进行攻击报复；纠正极端民主和无组织、无纪律、无秩序的现象等。[①] 为落实这次会议精神，1948

---

①《建党以来重要文献选编（1921—1949）》，中央文献出版社2011年版，第515—519页。

年9月底，毛泽东为中共中央起草了《关于健全党委制》，重点强调了民主集中制的重要性。在《关于健全党委制》一文中，毛泽东开宗明义，把党委会作为一种重要制度提了出来。“党委制是保证集体领导、防止个人包办的党的重要制度。”《关于健全党委制》一文对党委会的实行范围作了说明：“今后从中央局至地委，从前委至旅委以及军区（军分会或领导小组）、政府党组、民众团体党组、通讯社和报社党组，都必须建立健全的党委会议制度……地委、旅委以下的党委亦应如此。高级领导机关的部（例如宣传部、组织部）、委（例如工委、妇委、青委）、校（例如党校）、室（例如研究室），亦应有领导分子的集体会议。”①

《关于健全党委制》明确地规定了党委制的具体实施原则，为各级党委贯彻集体领导提供了基本遵循。这标志着党委制的基本成熟，现行的党委制就是在此基础上逐步完善起来的。邓小平在新中国成立之后召开的中共八大上高度评价了这项举措的重要意义，他指出：“在我们党内，从长时期以来，由党的集体而不由个人决定重大的问题，已经形成一个传统……中央在1948年9月关于健全党委制的决定，对于加强党的集体领

①《毛泽东选集》第4卷，人民出版社1991年版，第1340—1341页。

导，尤其起了重大的作用。”“这个决定的重要意义，在于它总结了党内认真实行集体领导的成功的经验，促使那些把集体领导变为有名无实的组织纠正自己的错误，并且扩大了实行集体领导的范围。”①

党的集体领导既需要健全党委制，又需要党委会采取有效的工作方法，仅单纯着眼于党委制形式上的健全，如果没有行之有效的工作方法，必然会使党的集体领导流于形式。因而，党委制健全之后，还必须要有具体的工作方法、具体的机制来推动党委制的健康运行。毛泽东一贯重视工作方法，他有多篇文章和报告是专门论及工作方法的。早在1934年，在江西瑞金召开的第二次全国工农兵代表大会上，他就形象地打过一个比喻：“我们不但要提出任务，而且要解决完成任务的方法问题。我们的任务是过河，但是没有桥或没有船就不能过。不解决桥或船的问题，过河就是一句空话。不解决方法问题，任务也只是瞎说一顿。”他指出：“一切工作，如果仅仅提出任务而不注意实行时候的工作方法，不反对官僚主义的工作方法而采取实际的具体的工作方法，不抛弃命令主义的工作方法而采取耐心说服的工作

①《邓小平文选》第2卷，人民出版社1994年版，第229—230页。

方法，那末，什么任务也是不能实现的。”[①] 在《党委会的工作方法》一文中，毛泽东也指出：“领导工作不仅要决定方针政策，还要制定正确的工作方法。有了正确的方针政策，如果在工作方法上疏忽了，还是要发生问题。”[②] 新中国成立后，怎样建设新中国对于中国共产党来说，是从未蹚过的一条“大河”。能否安然过去，“桥或船的问题”至关重要，《党委会的工作方法》就是毛泽东为全党准备的“桥或船”。

《关于健全党委制》一文也简单提及了党委会的工作方法，如：“每次会议时间不可太长，会议次数不可太频繁，不可沉溺于细小问题的讨论，以免妨碍工作。”“在会议之前，对于复杂的和有分歧意见的重要问题，又须有个人商谈，使委员们有思想准备，以免会议决定流于形式或不能做出决定。委员会又须分别为常委会和全体会两种，不可混在一起。”“集体领导和个人负责，二者不可偏废。军队在作战时和情况需要时，首长有临机处置之权”等等。[③] 但由于该指示重点在于如何健全党委制，对于党委会的具体工作方法还阐述得不够深入、不够具体。1949 年 3 月，毛泽东在党的七届二中

①《毛泽东选集》第 1 卷，人民出版社 1991 年版，第 139—140 页。
②《毛泽东选集》第 4 卷，人民出版社 1991 年版，第 1440 页。
③《毛泽东选集》第 4 卷，人民出版社 1991 年版，第 1341 页。

全会上所作的十个结论中，专门开辟一部分讲关于党委会的工作方法，这一讲话，是对《关于健全党委制》的补充和展开。在讲话中，毛泽东运用矛盾对立统一的原理，对党委会工作中的民主与集中、集体与个人、团结与批评、中心工作与一般工作、数量与质量等关系进行了更加具体而系统的说明。这次讲话客观准确地反映了党委领导工作的规律和特点，丰富和发展了马克思列宁主义的建党学说。

作为领导者，“不但要提出任务，而且要解决完成任务的方法问题”。毛泽东的《党委会的工作方法》，是中国共产党领导中国人民进行新民主主义革命时，党在自身建设方面积累的宝贵经验的总结。这些工作方法，既蕴含着马克思主义建党理论的一般要求，又体现了中国作风和中国方式。对于现今各级党委（党组）领导班子成员特别是主要负责同志学习掌握科学的工作方法和领导艺术、学习掌握党的政治纪律和政治规矩，仍然具有重大指导意义。

第二章

如何形成科学决策

《党委会的工作方法》中的第一条至第四条，可以看作形成科学决策的基本工作方法。第一，明确党委书记的“核心”作用，党委书记有把握方向、稳定大局、引领示范之责。党委书记要善于当“班长”，不仅要有正确的方针政策，还要有正确的工作方法，要处理好党委“一班人”之间的关系。第二，党委会讨论问题，要把问题摆到桌面上来讨论，要用好批评和自我批评这个武器，充分发扬民主。第三，要互通情报，建立通畅良性的沟通渠道，这样有利于科学决策、高效决策，可以化解分歧，消除矛盾，求得共同语言。第四，党委会决策要体现正确性、严肃性和科学性。要遵守民主集中制的原则，不懂得和不了解的东西要问下级，不要轻易表示赞成或反对。先做学生，然后再做先生。这部分内容实际上解决的是党委会内部的组织原则与组织秩序问题，对于如何严守党的政治纪律和政治规矩也提出了具体要求。

一、党委书记要善于当“班长”

《党委会的工作方法》中的第一条，是党委书记要善于当“班长”。毛泽东把由一二十人组成的党委会比作一个班，党委书记就是这个班的“班长”，实际上就是突出了党委书记在党委领导班子中的作用。书记是党委会中的一员，但他又非党委会中普通的一员，书记在党委会这个集体中负有重大责任，是党委班子乃至一个地方、部门和单位的一面旗帜、一个标杆和一面镜子，他既能撑起“一片天”，又能形成一个“小气候”，是“关键少数”中的“关键少数”，是管党治党的第一责任人，处于核心地位。党委书记有把握方向、稳定大局、引领示范之责，起着至关重要的作用。邓小平也强调，必须要树立核心，“不建立核心，处于涣散的状况，这个党委的工作是做不好的”。①

既然责任重大、使命光荣，作为党委书记，要真正承担好作为“班长”的“导航仪”“压舱石”“领头雁”的作用，他就不仅要有正确的方针政策，还要有正

①《邓小平文选》第 1 卷，人民出版社 1994 年版，第 310 页。

确的工作方法。毛泽东指出，作为党委书记，第一“应该很好地学习和研究”，第二，必须“善于处理自己和成员之间的关系”，否则就“很难把这‘一班人’指挥好”。如果这“一班人”动作不整齐的话，“就休想带领千百万人去作战，去建设”。①

第一，书记“应该很好地学习和研究”，这是对党委书记素质的要求。作为“班长”，党委书记就是旗手，旗手代表着方向，代表着形象。党委会能不能做到正确决定方针政策，能不能完成自己的领导任务，关键在于“班长”。毛泽东指出，书记要想“当好‘班长’，就应该很好地学习和研究”。重视学习、善于学习，是中国共产党的优良传统和政治优势，是中国共产党成长壮大的重要文化基因。作为肩负要职的领导干部，党委书记必须明确学习的目的，要勤于学习、善于学习，研究现实存在的问题，只有这样，才能担负起“旗手”的重任，才能为革命指明方向，才能担负起建设大党的使命。

1923 年，列宁针对苏维埃国家和机关干部中缺少文化和专业知识，在学习工作中存在急躁情绪、官僚作风、讲空话等弊病的情况，专门写了一篇题为《宁肯少

①《毛泽东选集》第 4 卷，人民出版社 1991 年版，第 1440 页。

些，但要好些》的文章。列宁指出："为了革新我们的国家机关，我们一定要给自己提出这样的任务：第一是学习；第二是学习；第三还是学习。"当然，学习必须要做到学以致用，要"使学问真正深入到我们的血肉里面去，真正地、完全地成为生活的组成部分，而不是使学问变成僵死的条文或时髦的词藻"[①]。

中国共产党历代领导人都是重视学习、善于学习的典范。

作为领导中国新民主主义革命、社会主义革命和社会主义建设事业的大"班长"，毛泽东的一生与读书学习紧密相连。参加革命之后，即使戎马倥偬，毛泽东依然学习不辍。1939 年 5 月，毛泽东在延安召开的在职干部教育动员大会上发言指出："我们要建设大党，我们的干部非学习不可。学习是我们注重的工作，特别是干部同志，学习的需要更加迫切，如果不学习，就不能领导工作，不能改善工作与建设大党。"在这里，毛泽东将领导干部需要重视学习的目的讲得非常透彻，也即"领导工作、改善工作与建设大党"[②]。而对于中共党员、领导干部应该学什么，毛泽东也提出了自己的要

①《列宁选集》第 4 卷，人民出版社 2012 年版，第 786 页。
②《毛泽东文集》第 2 卷，人民出版社 1993 年版，第 179 页。

求。在中共中央扩大的六届六中全会的发言中，毛泽东强调："一切有相当研究能力的共产党员，都要研究马克思、恩格斯、列宁、斯大林的理论，都要研究我们民族的历史，都要研究当前运动的情况与趋势。""指导一个伟大革命运动的政党，如果没有革命理论，没有历史知识，没有对于实际运动的深刻的了解，要取得胜利是不可能的。"[①] 学习的目的不是变成一个"掉书袋"，而是要学以致用，通过学习能够"研究当前运动的情况与趋势"，对于"实际运动"有"深刻的了解"，只有这样才可能取得胜利。

延安时期，毛泽东号召全党发起学习运动，"要把全党变成一个大学校"。毛泽东指出：发起学习运动的直接原因，是我们共产党要领导几千万、几万万人的革命，"假使没有学问，是不成的，共产党人就应该懂得各种各样的事情"。另外，进行学习还可以克服我们工作中存在的"本领恐慌"的问题。"我们队伍里边有一种恐慌，不是经济恐慌，也不是政治恐慌，而是本领恐慌。过去学的本领只有一点点，今天用一些，明天用一些，渐渐告罄了。好像一个铺子，本来东西不多，一卖就完，空空如也，再开下去就不成了，再开就一定要进

①《毛泽东选集》第2卷，人民出版社1991年版，第532—533页。

货。‘进货’，就是学习本领，这是我们许多干部所迫切需要的。”[①] 毛泽东一再强调，作为领导，必须要有“预见”，他认为，“没有预见就没有领导，没有领导就没有胜利。因此，可以说没有预见就没有一切”。而所谓预见，“不是指某种东西已经大量地普遍地在世界上出现了，在眼前出现了，这时才预见；而常常是要求看得更远，就是说在地平线上刚冒出来一点的时候，刚露出一点头的时候，还是小量的不普遍的时候，就能看见，就能看到它的将来的普遍意义”。[②] 作为党委书记，作为班长，必须要有预见性，而要拥有这种预见性，必须“学习和研究”。

第一次大革命失败之后的土地革命初期，红军在强敌围剿下处境十分险恶。面对敌我力量悬殊的严峻局面，当时党内其他不少同志都有了悲观情绪，产生了“红旗到底能打多久？”的疑问。针对这种状况，毛泽东结合革命教训和调查研究，详尽分析了中国社会的现状和革命形势，得出中国革命要想成功必须走农村包围城市、武装夺取政权的道路。他在《星星之火，可以燎原》中指出：“中国是全国都布满了干柴，很快就会

①《毛泽东文集》第 2 卷，人民出版社 1993 年版，第 177—178 页。
②《毛泽东文集》第 3 卷，人民出版社 1996 年版，第 395—396 页。

燃成烈火。”他用诗一般的语言对“即将到来的中国革命高潮”做出了这样的描述：“我所说的中国革命高潮快要到来，决不是如有些人所谓‘有到来之可能’那样完全没有行动意义的、可望而不可及的一种空的东西。它是站在海岸遥望海中已经看得见桅杆尖头了的一只航船，它是立于高山之巅远看东方已见光芒四射喷薄欲出的一轮朝日，它是躁动于母腹中的快要成熟了的一个婴儿。”[①]毛泽东的这个预见被一年以后全国性反蒋高潮所证明，也被后来的一系列革命实践所证明。

抗日战争初期，一开始弥漫全国的是“亡国论”，平型关、台儿庄战役后又产生了“速胜论”。中日这场战争的进程及其前途究竟如何？毛泽东在《论持久战》中详细分析了中日两国国情，明确指出全部问题的总根据——“中日战争不是任何别的战争，乃是半殖民地半封建的中国与帝国主义的日本在二十世纪三十年代进行的一个决死的战争。”他进一步详细剖析了中日双方相互矛盾的基本特点——敌强我弱，敌退步我进步，敌小我大，敌寡助我多助，指出：“强弱对比虽然规定了日本能够在中国有一定时期和一定程度的横行，中国不可避免地要走一段艰难的路程，抗日战争是持久战而不是

①《毛泽东选集》第1卷，人民出版社1991年版，第102、106页。

速胜战；然而小国、退步、寡助和大国、进步和多助的对比，又规定了日本不能横行到底，必然要遭到最后的失败，中国决不会亡，必然要取得最后的胜利。”

不仅如此，毛泽东还进一步描绘了中日战争的大体轮廓——抗日战争要经历战略防御、战略相持和战略反攻三个发展阶段。他指出：中日战争在第一阶段，敌是优势，我是劣势；我方在土地、军事等方面消耗将更为严重，但战争经验的积累、军队的进步、政治的进步、人民的动员、文化新方向的发展、国际援助的增长等又是中方有利且不断向上发展的因素；而日本虽然会暂时扩大其在中国的占领地、侵占中国更多的资源，但其武器弹药不断消耗、士兵不断伤亡、国内人心不满、国际舆论的谴责等向下因素不断持续。综合来看，中日双方必然要经过一个漫长的敌我相持阶段，在此阶段，中方力量持续上升，日本逐渐下降，最终中国由劣势到平衡到优势，日本由优势到平衡到劣势，中国由防御到相持到反攻，日本由进攻到保守到退却——这就是中日战争的进程，中日战争的必然趋势。① 之后抗日战争的实际发展过程，完全印证了毛泽东的预见。

习近平总书记也是热爱学习、善于学习的典范。党

①《毛泽东选集》第2卷，人民出版社1991年版，第439—515页。

的十八大以来，以习近平同志为核心的党中央能够主动认识新常态、适应新常态、引领新常态，全面推进社会主义经济建设、政治建设、文化建设、社会建设、生态文明建设和党的建设，取得重大改革成果，与作为掌舵人的习近平总书记把学习作为向前、向深、向远看的重要法宝，以上率下，不断提高全党的治国理政能力和水平分不开。习近平总书记多次强调，党员领导干部一定要“爱读书善读书读好书”，他说，多读书就是修政德，读书学习是改造思想、加强修养的重要途径，是净化灵魂、培养高尚情操的有效手段，他要求广大党员领导干部“要真正地把读书当作一种生活态度、一种工作责任、一种精神追求、一种境界要求，使一切有益的知识、一切廉洁的文化入脑入心，沉淀在我们的血液里，融会到我们的从政行为中，做到修身慎行，怀德自重，敦方正直，清廉自守，拒腐蚀、永不沾，永葆共产党员的先进性”①。

面临今天我们随时遇到的“知识恐慌”“本领恐慌”的问题，习近平总书记一再提醒全党：“如果我们不努力提高各方面的知识素养，不自觉学习各种科学文化知识，不主动加快知识更新、优化知识结构、拓宽眼界和

① 习近平:《之江新语》，浙江人民出版社 2007 年版，第 175 页。

视野，那就难以增强本领，也就没有办法赢得主动、赢得优势、赢得未来。因此，全党同志特别是各级领导干部都要有加强学习的紧迫感。”[①] 习近平总书记要求，领导干部首先应该认真学习马克思列宁主义理论，做到真学、真懂、真信，真用。各级领导干部还要认真学习党史、国史，从中汲取党和国家革命和建设中的历史经验与教训，领导干部还应该认真学习党的路线方针政策和国家法律法规，这是重要的政治素养，此外，还应该学习做好领导工作必需的各种知识。总而言之，举凡经济、政治、历史、文化、社会、科技、军事、外交等方面的知识，“领导干部要结合工作需要来学习，不断提高自己的知识化、专业化水平。要坚持干什么学什么、缺什么补什么，有针对性地学习掌握做好领导工作、履行岗位职责所必备的各种知识，努力使自己真正成为行家里手、内行领导。各种文史知识，中国优秀传统文化，领导干部也要学习，以学益智，以学修身”。[②]

习近平总书记还多次强调，学习马克思主义，不能“空对空”，必须要带着问题学。要善于把书本上的知识变成实践中的践行。“我们看领导干部水平高不高，不

①《习近平谈治国理政》，外文出版社 2014 年版，第 403 页。

②《习近平谈治国理政》，外文出版社 2014 年版，第 405 页。

是单纯地看他读书多不多，而主要看他运用理论和知识解决实际问题的能力强不强。领导干部坚持读书与运用相结合，就要在读书的过程中增强运用能力，在运用的过程中提高读书水平。”习近平总书记认为，一是要能够把知识转化为实践，敢于面对实践中的热点、难点问题，敢于探索新的实践领域，同时，要加强对实践经验的总结和对新情况、新问题的调查研究，趋利避害；二是要能够利用理论和知识改变现实世界，把握工作规律，不断提高工作水平，努力增加工作实效；三是能够利用理论和知识改造主观世界，在推进事业发展的同时改造个人党性修养。①

习近平总书记的这些讲话是针对所有党员领导干部的，但是，对于肩负重任的各级党委书记来说，加强自身的学习和研究能力更为必要。党委会是一个组织整体，正确发挥它的合力需要各个委员齐心协力地朝着共同的目标前进，但是要能够统一委员们的思想与行动，首先需要“班长”有权威，能够指明正确的方向，而这种权威的树立不应该是靠威权，必须靠“班长”的学习和研究能力，他能够比一般人站得高、看得远，解决历史任务的愿望比别人强烈，所提出的思想能够成为社会

①《领导干部要爱读书读好书善读书》，《学习时报》2009年5月18日。

变革的先导，为群众指明前进的方向，真正起到领导核心的作用。只有这样，他才能把用好手中的“指挥棒”，带领“一班人”做好工作。

另外，必须“善于处理自己和成员之间的关系”，互相之间要相互谅解，“书记和委员，中央和各中央局，各中央局和区党委之间的谅解、支援和友谊，比什么都重要”。这实际上是对能否形成一个同心同德、团结融洽的党委班子的要求。

毛泽东强调，党委书记是“班长”，是核心，但是决不能一个人说了算，书记、副书记应该注意向自己的“一班人”做好宣传工作和组织工作，要善于处理自己和委员之间的关系，形成同心同德的工作环境和氛围。但是，这种工作环境和氛围不是大家当好好先生，搞表面上的一致，而是坚持民主集中制的组织原则，实行真正的民主集中。在党委会决策时，“书记与委员之间的关系是少数服从多数”。[①] 在党委会内部，虽有书记、副书记及委员等不同的职务分工，但他们都是集体领导中的成员，共同对集体负责，而不是上下级关系。在遇事决策时，书记、副书记和其他委员一样，都只有一票表决权，每个人的权责应该是完全平等的，“少数服从

①《毛泽东选集》第 4 卷，人民出版社 1991 年版，第 1440 页。

多数”，按照多数人的意见形成决议，书记并不凌驾于组织或其他委员个人之上，这是党的民主集中制的组织原则和纪律原则。书记是“班长”，但“班长”不等于“包办”，要充分发挥集体领导的优势，就必须做到兼听则明，倾听各方面的不同意见，否则必将损害党内的健康生态。

在《关于健全党委制》一文中，毛泽东尖锐地批评了党内有些领导机关“个人包办和个人解决重要问题的习气甚为浓重”的现象，他指出，这种不良风气使得“党委委员等于虚设”，其造成的结果就是“党委委员间所保持的只是形式上的一致，而不是实质上的一致”①。诚然，作为党委会的负责人，书记肩上的担子相对而言会更重些，诸如党委活动的组织开展、党委决议的贯彻执行以及其他相关事务的处置应对等，都离不开书记的统筹规划及跟进关切。但是，这些责任绝非书记个人用以扩大权力或提升地位的筹码，而是集体领导制的组织原则之下，作为“班长”的书记所必须要完成的分内之职。书记与其他委员的不同之处在于，他要肩负更多的责任与义务，而非据此拥有更大、更特殊的权力，尤其是独断决策的权力。

①《毛泽东选集》第 4 卷，人民出版社 1991 年版，第 1340 页。

1962年，在七千人大会上，毛泽东严厉地强调："哪有一个人说了就算数的道理呢？""党委的领导，是集体领导，不是第一书记个人独断。""只要是大事，就得集体讨论，认真听取不同的意见，认真地对于复杂的情况和不同的意见加以分析……如果不是这样，就是一人称霸。这样的第一书记，应当叫做霸王，不是民主集中制的'班长'。"[①]邓小平也提出："一个国家的命运建立在一两个人的声望上面，是很不健康的，是很危险的。不出事没问题，一出事就不可收拾。"[②]

作为党委会的核心，党委书记要有平等待人、与人为善的真诚态度，有虚怀若谷、海纳百川的宽阔胸襟，力争把各方面的真实意见掌握全、掌握准，进行反复研究、反复比较，择善而从，作出科学决策。由于各委员的自身阅历、工作方式等往往不尽相同，对于某些问题的判断处置，党委会内有不同的意见很正常，陈云指出："有钱难买反对自己意见的人。有了反对意见，可以引起自己思考问题。""能够听到不同声音，决不是坏事。""要善于听取不同意见。对于一件事，我有了一个意见之后，可以先放一放，再考虑考虑，听听有没有不

①《毛泽东文集》第8卷，人民出版社1999年版，第294—295页。
②《邓小平文选》第3卷，人民出版社1993年版，第311页。

同意见。如果有不同意见，就要认真听取，展开讨论，吸收正确的，驳倒错误的，使自己的意见更加完整。驳倒错误意见的过程，也是使自己的意见更加完整的过程。如果没有不同意见，自己也要假设一个对立面，让大家来批驳。”①

习近平总书记指出，党的十八大以来，党中央各项决策都注重充分发扬党内民主，都是经过深入调查研究、广泛听取各方面意见、进行反复讨论而形成的。要把我们这样一个大党大国治理好，就要掌握方方面面的情况，这就要靠发扬党内民主而来，靠各级党组织和广大党员、干部广泛听取民声、汇聚民意而来。领导干部要把民主素养作为一种领导能力来培养，作为一门领导艺术来掌握。

此外，还必须认识到，作为党委会的一员，党委委员也必须以主人翁的姿态对待自己的工作，党内良好的政治生态，和谐的组织环境绝不是依靠书记一人之力就可以营造并维护的，它需要书记、委员等全体成员的共同参与，书记工作的顺利完成同样离不开党委会其他委员的支持与帮助。同书记一样，委员也须做到树立正确的集体观念与责任感，胸怀大局。正如列宁所言：“任何

① 《陈云论党的建设》，中央文献出版社 1995 年版，第 311 页。

时候，在任何情况下，实行集体管理都必须极严格地一并规定每个人对明确划定的工作所负的个人责任。借口集体管理而无人负责，是最危险的祸害。”①

党委内部生活，要做到集体领导，分工负责。各个委员必须明确自己的分内之职是什么，要积极负责完成自己责任范围内的工作，坚决杜绝得过且过、互相推诿。而且，委员也要将自己负责的工作置于整个工作大局当中去考察，不应抱着“各人自扫门前雪，不管他人瓦上霜”的心理应付了事。在实际工作中，委员要尊重书记的正确意见，积极参与集体领导并支持书记的工作。当然，倘若书记的工作出现了偏差失误，或有待斟酌商榷，委员也要敢于、并且善于通过正确的党内批评提出自己的意见。

①《列宁全集》第 37 卷，人民出版社 2017 年版，第 41—42 页。

二、要把问题摆到桌面上来

“把问题摆到桌面上来”是毛泽东提出的第二条关于党委会的工作方法。他说，要把问题摆到桌面上，不仅“班长”要这样做，委员也要这样做。“把问题摆到桌面上来”，这是对于领导班子内部面对面地讨论解决存在的问题、分歧和矛盾，消除隔阂、统一思想、增强团结的领导方法的形象化说法，它主要是针对如何科学地处置党委会内部成员之间的不同意见、分歧而言的。

矛盾具有普遍性和绝对性，矛盾存在于一切事物发展的过程中，矛盾贯穿于每一事物发展过程的始终。以毛泽东同志为主要代表的中国共产党人向来就敢于承认矛盾，并坚持正确认识和看待矛盾。毛泽东曾明确指出：“党内不同思想的对立和斗争是经常发生的，这是社会的阶级矛盾和新旧事物的矛盾在党内的反映。党内如果没有矛盾和解决矛盾的思想斗争，党的生命也就停止了。”[①] 毛泽东清醒地认识到，党内矛盾无处不在，面对矛盾，不能回避，只有迎难而上，把问题摆在明面儿

①《毛泽东选集》第 1 卷，人民出版社 1991 年版，第 306 页。

上，才能消弭分歧、解决问题。

不可否认的是，在我们党内活动中时不时存在着问题上不了桌面的情况。同志之间及组织内部有问题却藏着、掖着的现象并不少见。郭小川的一篇文章曾非常形象地反映了这种情况：“在我们党内同志之间充溢着的光明磊落的气氛之外，嘁嘁喳喳的人的嘁嘁喳喳的声音也还是不时可以听到的。这种嘁嘁喳喳的人，有意见却不愿明说，有话却不愿在当面讲，有问题却不愿在组织的面前提出来；但他们终究不能把这些意见、话和问题通统吞蚀在肚子里，他们还是要说、要讲、要提的，却是那样的隐隐藏藏、躲躲闪闪、吞吞吐吐……”这些人之所以这样做的所谓“难言之隐”包括：“说出来怕遭到别人的报复”“说出来怕不被重视”“说出来怕影响团结”“批评别人怕别人反过来揭露自己的缺点或错误”“明知自己不对，却不肯服从真理，于是偷偷摸摸地为自己辩护”，等等。郭小川说，这种行为，严重腐蚀了党的肌体。因此，为了党和人民的利益，“我们必须把一切问题都提到党的组织面前，无事不可对党言，也就是说：把问题摆到桌面上来！”①

1937 年，毛泽东曾写过一篇文章《反对自由主义》，

① 郭小川：《针锋集》，北京出版社 1958 年版，第 87—88 页。

列举了自由主义的十一种表现，其中不少都与不敢把问题摆在桌面上有关。例如第一种，“因为是熟人、同乡、同学、知心朋友、亲爱者、老同事、老部下，明知不对，也不同他们作原则上的争论，任其下去，求得和平和亲热。或者轻描淡写地说一顿，不作彻底解决，保持一团和气。结果是有害于团体，也有害于个人”。第二种，“不负责任的背后批评，不是积极地向组织建议。当面不说，背后乱说；开会不说，会后乱说。心目中没有集体生活的原则，只有自由放任”。第三种，“事不关己，高高挂起；明知不对，少说为佳；明哲保身，但求无过”。第四种，“命令不服从，个人意见第一。只要组织照顾，不要组织纪律”。第五种，“不是为了团结，为了进步，为了把事情弄好，向不正确的意见斗争和争论，而是个人攻击，闹意气，泄私愤，图报复”。

毛泽东指出：“革命的集体组织中的自由主义是十分有害的。它是一种腐蚀剂，使团结涣散，关系松懈，工作消极，意见分歧。它使革命队伍失掉严密的组织和纪律，政策不能贯彻到底，党的组织和党所领导的群众发生隔离。”这是一种严重的恶劣倾向，必须坚决反对。① 刘少奇也曾列举党内“自由主义”的倾向，比如

①《毛泽东选集》第2卷，人民出版社1991年版，第359—360页。

有些同志看见别人犯错误不说，怕人报复；好朋友犯错误不说，相互隐瞒；当面不说，背后乱说；随便批评、发牢骚、小广播，等等。“一方面，他们不能禁止自己不犯已经知道的错误，他们明知故犯；但另一方面，他们又要禁止别的党员向党向上级报告及在会议上批评他们。他们做了一些错误的不正当的事情，犯了错误，但他们不肯将错误揭露，以便改正他们的错误及缺点。他们讳疾忌医，他们不知道只有将错误揭露才能改正错误的真理，他们要隐蔽错误，把错误当作比什么宝贝还要珍贵地隐藏起来，于是他们就不只是想办法使别人的眼睛不敢正视他们的错误，他们还要想办法禁止别人的嘴巴不敢向党向上级报告他们的错误，取消别人以完全正当的组织方式在党内说话与批评的权利”。[①] 对于这种现象，我们党内一定是要严格禁止的。

第一，把问题摆到桌面上来有利于问题的顺利解决。毛泽东指出，有了问题“不要在背后议论。有了问题就开会，摆到桌面来讨论”，要光明磊落，问题就可以顺利解决。有问题而不摆到桌面上来，就会长期不得解决，甚至一拖几年，对党的事业有百害而无一利。

真正的共产党员应该是襟怀坦白、光明磊落、立场

①《刘少奇选集》上卷，人民出版社 1981 年版，第 191—192 页。

坚定、坚持原则，把革命利益放在第一位的。把问题摆到桌面上来，既是领导班子解决内部矛盾、加强内部监督、维护团结的重要方法，也是同志之间达成共识、消除误会、化解矛盾的有效办法。

由于领导成员个人思想、经历、认识水平和工作环境的不同，领导班子内部成员之间的分歧、矛盾是经常发生的，这是正常现象，并不可怕。可怕的是这些矛盾和分歧长时间得不到解决，影响团结统一。更为可怕的是有了矛盾和分歧就搞小动作，背后议论，互相猜疑，甚至相互拆台，破坏团结统一。有了分歧和矛盾及时开会讨论，在会上按组织原则解决，属于思想隔阂，当面讲清原委，及时分清是非，解开疙瘩；属于工作配合问题，有针对性地规定几条，以做到有章可循，密切配合；属于工作上的意见分歧，深入分析，集思广益，求得一致的看法。真诚批评，当面讲明，错误思想影响排除了，心里疙瘩消除了，力量也就凝聚了。如果把问题藏着掖着，不是去开诚布公地讨论研究，而是在背后嘀嘀咕咕，“当面不说、背后乱说”“会上不说、会后乱说”“台上不说、台下乱说”，这样的做法，只能让问题和分歧发酵，使小问题、小分歧变成大问题、大分歧，最终让党组织和领导班子陷于一盘散沙，失去战斗力、失去在群众中的威信。更有甚者，会破坏党的团结统一，妨碍重大方针政策的贯彻落实。

第二，“把问题摆到桌面上来”需要用好批评与自我批评的“武器”，弘扬党的优良传统和作风。摆问题不是为了互相“揭短”，而是致力于解决问题，改正缺点，提高党员干部的综合素质，更好地为人民群众服务。要通过批评与自我批评的“良药”让党内同志之间互相“治病”。“良药苦口利于病，忠言逆耳利于行。”作为共产党人，有话就要放到桌面上来讲，绝不能搞阴谋诡计、钩心斗角那一套。破解当面不敢讲、私下乱讲话的困局，关键是用好批评与自我批评的武器，出以公心、努力交心。出于对同志、对组织的真正爱护，以公心公道的尺子待人待事，批评才不会失焦，矛盾才不会激化。

列宁曾把党的集体领导比作一个大型音乐会，有人去奏抒情的小提琴，另一个人去拉狂暴的大提琴，第三个人去挥动指挥棒，“让大家来评判我们由于各种不同的‘音调’而引起的‘争论和口角’吧，对这些音调，一些人认为太刺耳，另一些人认为不和谐，第三种人认为不合拍。只有通过许多这样的公开讨论，才能使我们的领导者形成一个真正合唱得很好的集体”。①1955年，

①《列宁全集》第8卷，人民出版社2017年版，第89—90页。

杨尚昆在日记中也曾记下刘少奇在指导团中央工作时讲到的一段话："问题应当面谈，不怕闹翻，翻了也不要紧。工作上、作风上的意见是应当摆出来的，党内作风应如此！"[①]

当然，批评也要讲究方法，既要当面锣亮丑、对面鼓揭短，开门见山、直奔主题、一针见血，也要防止主观臆断、主观主义，不能没有根据地"瞎批评""乱开炮"。"批评"绝对不是"报复"，批评应出于公心，党内"批评"是"良药"，而不是"毒药"，党内批评要防止主观武断和把批评庸俗化，说话要有证据，批评要注意政治。1929年，毛泽东在《关于纠正党内的错误思想》中指出："关于党内批评问题，还有一点要说及的，就是有些同志的批评不注意大的方面，只注意小的方面。他们不明白批评的主要任务，是指出政治上的错误和组织上的错误。至于个人缺点，如果不是与政治的和组织的错误有联系，则不必多所指摘，使同志们无所措手足。而且这种批评一发展，党内精神完全集注到小的缺点方面，人人变成了谨小慎微的君子，就会忘记党的政治任务，这是很大的危险。"[②]1981年7月17日，邓

①《杨尚昆日记》(上)，中央文献出版社2017年版，第156页。

②《毛泽东选集》第1卷，人民出版社1991年版，第91—92页。

小平同中共中央宣传部门负责同志谈话时也强调："批评的方法要讲究，分寸要适当，不要搞围攻、搞运动。但是不做思想工作，不搞批评和自我批评一定不行，批评的武器一定不能丢。"[①]党的十八大以来，习近平总书记更是再三强调要用好批评和自我批评的武器。2013年9月23日至25日，习近平总书记在河北参加专题民主生活会并发表重要讲话。他在讲话中强调："批评和自我批评是一剂良药，是对同志、对自己的真正爱护。开展批评和自我批评需要勇气和党性，不能把我们防身治病的武器给丢掉了。忠言逆耳，良药苦口。作为共产党人，有话要放到桌面上来讲。批评要出以公心、态度诚恳、讲究方法，要实事求是、分清是非、辨别真假，切忌从个人恩怨、得失、利害、亲疏出发看事待人。"[②]

"把问题摆到桌面上来"，还有另外一层深意，那就是领导集体对于重大问题的决策，在班子内部要透明，而不能搞"暗箱操作"，不能所谓"一把手"说了算，或者几个人私下沟通就做决定。要坚持党的民主集中

---

① 中共中央文献研究室编：《邓小平年谱（1975—1997）（下）》，中央文献出版社2004年版，第758页。

②《习近平在指导河北省委常委班子专题民主生活会时强调坚持用好批评和自我批评的武器　提高领导班子解决自身问题能力》，《人民日报》2013年9月26日。

制，发扬民主，充分酝酿，集体讨论，形成共识，做到民主决策、科学决策。这是提高党的建设科学化水平的必然要求。

“把问题摆到桌面上来”也是已经被历史、被实践所证明了的，关于正确处理党内政治生活关系的重要法则。在我们党百余年的发展历程中，不乏艰难险阻、急流险滩，之所以能一次次转危为安，除了有科学理论的指导和坚持不懈的奋斗以外，通过严肃认真的批评和自我批评，坚持真理、修正错误，一次次拨正前进航向，是一个重要因素。

建党之初，担任总书记的陈独秀虽然被批评有家长制作风，但是，党内生活也还是提倡“把问题摆到桌面上来”，开展严肃认真的批评和自我批评。党的三大，陈独秀作主旨报告，在讲完一年中的工作成绩之后，陈独秀就毫不避讳地开始分析党的工作中存在的问题。他说，我们党的中央委员会“缺乏知识”，“我们的政治主张不明确”。报告还指名道姓、直言不讳地批评了中央部分领导人，包括陈独秀自己。“陈独秀由于对时局的看法不清楚，再加上他很容易激动，犯了很多错误。”“张国焘同志无疑对党是忠诚的，但是他的思想非常狭隘，所以犯了很多错误。他在党内组织小集团，是个重大的错误。”“邓同志（指邓中夏）在唐山和科乌矿工罢工时犯了严重错误，并且在广州造成了很多困难。”“上海的同志为党做的工作太少。北京的同志由于不了解建党工作，造成了很多困难。湖北的同志没能及时防止冲突，因而工人的力量未能增加。只有湖南的同志可以说工作得很好。广州的同志在对待陈炯明的问题上犯了严重错误，最近他们正在纠正错误。”[①]这种同志之间的尖锐批评在当时党内生活中并不鲜见。

1935 年 1 月召开的遵义会议，在极端危急的历史关头，挽救了党、挽救了红军、挽救了中国革命，在中国共产党和红军的历史上，是一个生死攸关的转折点。遵义会议上，先是由临时中央主要领导人博古作关于第五次反“围剿”的总结报告，他把失败的原因归因于帝国主义、国民党反动力量的强大和各苏区斗争配合不够等。周恩来作关于军事问题的副报告，则提出这次反“围剿”失败的原因在于军事领导的战略战术错误，并做了诚恳的自我批评，也对博古和李德的工作提出批评意见。张闻天所作的反对“左”倾军事错误的报告中，也系统批评了博古和李德在军事指挥上的错误。毛泽东在发言中，对博古、李德在军事上的错误进行了切中要

①《建党以来重要文献选编（1921—1949）》第 1 册，中央文献出版社 2011 年版，第 246 页。

害地分析和批评，他指出错误军事路线的症结，在于单纯防御路线，主要表现为进攻中的冒险主义、防御中的保守主义、突围中的逃跑主义，并阐述了中国革命战争的战略战术和此后在军事上应该采取的方针。王稼祥在发言中也支持毛泽东的正确观点。正是由于大家开诚布公地把问题摆到桌面上，通过严肃的批评和自我批评，遵义会议才能够解决党内最迫切的组织问题和军事问题，为中国革命的航船拨正了方向。

中共历史上，党的七大以“团结的大会”“胜利的大会”载入史册。这次会议，充分体现了高度的民主与高度的集中相结合的党内生活的特征。据党的七大代表杨秀山回忆，整个会议召开期间，“始终洋溢着非常民主、非常团结、非常融洽的气氛。大会的每一个报告、决议文件，不仅事前均经中央作了充分的准备，而且还经过全体代表、各代表团小组、代表团会议详尽地讨论，提出意见，加以修改。大会主席团尽一切可能让每个代表均能发表自己的意见”。关向应当时在中央医院养病，不能参加会议，毛泽东就要贺龙常常去看他，将会议进行情况不断告诉向应同志，并征求他的意见。在选举中央委员会时，也是经过充分地酝酿讨论，才进行正式选举的。“由于大会高度地发扬了无产阶级的民主，在小组讨论中，人人能各抒己见，个个畅所欲言。有坦率诚恳的建议与批评，也有由衷的自我批评，更多的是以亲身的经历生动地证实了遵义会议以来党的路线、方针、各项具体政策的正确性。在一些具体问题上，难免也有争论，但是一旦是非辨明之后，又能很快地统一起认识来。对待问题是一切从全党出发，从全局出发，坚持原则，修正错误，充满了对党负责的精神。”①

1978 年 12 月，中央工作会议闭幕。这次会议为即将召开的党的十一届三中全会做了充分准备。这次会议之所以能够顺利召开且成果丰硕，邓小平指出，是因为充分发挥民主，“大家敞开思想，畅所欲言，敢于讲心里话，讲实在话。大家能够积极地开展批评，包括对中央工作的批评，把意见摆在桌面上，一些同志也程度不同地进行了自我批评”。② 历时一个月的会议，讨论和解决了许多有关党和国家命运的重大问题，拨乱反正、改革开放的大幕由此拉开。没有“把问题摆到桌面上来”的勇气，没有批评与自我批评的武器，何谈解放思想，何谈改革开放！

邓小平曾指出：“领导人不可能什么事都做得百分之百的正确，不可能一点缺点、错误也没有。问题在于

① 李捷、于俊道主编:《实录毛泽东 2》，长征出版社 2013 年版，第 330 页。

②《邓小平文选》第 2 卷，人民出版社 1994 年版，第 140—141 页。

对自己的缺点和错误，有没有自我批评的精神，让不让别人批评，听了正确的批评能不能接受和照办。有错误，自己讲，而且讲够，又能倾听别人批评的意见，这就有了主动，就可以使大家心情舒畅。这样做绝不会损害自己的威信，只会提高自己的威信。”[①] 领导的威信，只有建立在思想、工作、言论的正确上，建立在民主的作风上，建立在批评与自我批评的作风上，这才是真正让人心悦诚服的威信。

①《邓小平文选》第 1 卷，人民出版社 1994 年版，第 309 页。

三、互通情报

“互通情报”是毛泽东提出的党委会工作的第三个方法。“就是说，党委各委员之间要把彼此知道的情况互相通知、互相交流”。作为搞好党委工作的一个重要环节，毛泽东说：“这对于取得共同的语言是很重要的。”①

第一，坚持“互通情报”，有利于正确和科学地决策。党委会开展工作，集体领导和个人分工负责，二者不可偏废。坚持集体领导，就要做到凡属重要问题，一定要坚持集体讨论决定，实行少数服从多数，避免个人说了算。由于党委会内各成员知识与思想水平不一，各自具体负责的工作也不尽相同，因此，委员们对整体工作情况的了解必然会有参差。党委会工作应总揽全局，要做到“眼观四路，耳听八方”，就必须尽可能详细地掌握一切情况，把彼此互相了解的情况进行充分的沟通和交流，只有这样，才能作出正确和科学的决策。1962年，陈云在扩大的中央工作会议陕西组全体干部会议上

①《毛泽东选集》第4卷，人民出版社1991年版，第1441页。

曾做过一个关于工作方法的讲话，指出："事物是很复杂的，要想得到比较全面的正确的了解，那就必须听取各种不同的意见，经过周密的分析，把它集中起来。"陈云举出几个具体的工作方法，第一个方法是"交换"，他说，每个人看问题都会有片面性。一个茶杯放在桌子上，对面的人看见茶杯是有花没有把儿的。可是这面的人看见茶杯是有把儿没有花的，两人各看到一面，都是片面的，都不全面。"如果两人把各人看到的一面'交换'一下，那就全面了。"这样做，"本来是片面的看法，就可以逐渐全面起来；本来不太清楚的事物，就可以逐渐明白起来；本来意见有分歧的问题，就可以逐渐一致起来。"第二个方法是"比较"，研究问题，制定政策，决定计划，要把各种方案拿来比较。在比较的时候，不但要和现行的做比较、和过去的做比较，还要和外国的做比较。这样进行多方面的比较，可以把情况弄得更清楚、判断得更准确。多比较，只有好处，没有坏处。第三个方法是"反复"，做了比较以后，不要马上决定问题，还要进行反复考虑。"决定问题不要太匆忙，要留一个反复考虑的时间，最好过一个时候再看看，然后再作出决定。"

"兼听则明，偏信则暗"，多听一些、多看一些，就会了解得全面一些，党委内部必须经常性地"互通情报”，方可有效掌握全面的工作情况，这样才能促进科学决策。“只有通气，才能团结；只有民主，才能集中。”[①]

第二，坚持“互通情报”，有助于化解分歧，消除矛盾。党委会一班人在一起工作，尽管是为了一个共同的目标走到一起来的，但由于各种原因，难免在这样那样一些问题上，因意见分歧而发生矛盾，而其中有些矛盾往往是对彼此工作情况缺乏了解所引起的。通过经常性的“互通情报”，可以改变互相之间“鸡犬之声相闻，老死不相往来”的情况，在党委内部搭建起一个良性的分享交互平台，这样就可以化解分歧，寻找共识，在某些关键性的问题上达成一致，从而促进同志间的团结，齐心协力，完成各项工作。

要做到“互通情报”，首先要有全局观念。不可把个人分工负责绝对化，把自己分管的工作搞成“独立王国”，封锁消息，以邻为壑，甚至书记都不能过问。倘若从根本上违背了民主集中制原则，就会给党的事业造成损失。1962 年，刘少奇曾在扩大的中央工作会议上指出，当时有些党委，把分工负责变为长期固定的“分片包干”，而那些“包干”的同志，又往往独断专行。因

①《陈云文选》第 3 卷，人民出版社 1995 年版，第 187—189 页。

此，在一个党委内部，形成了一种各自为政、多头领导的状态，这种状态，对党的民主集中制原则造成了巨大损害。[①]同年，华东局曾上报中央，要求取消党委书记分管书记的名义。因为当时的各级党委，从省委、地委、县委以至公社党委，党委书记"分兵把口"的现象甚为普遍，并有工业书记、农业书记、财贸书记、文教书记等名义，"分管书记之间在工作上往往互不通气，甚至各自为政"，这种情况很容易削弱党委的集体领导，因此要求正确实行集体领导和个人负责的原则，切实加强党委制，把应由党委各部门办的业务工作交给党委各部门去办，把应由政府办的工作交给政府去办，不要包办代替，取消分管书记的名义。华东局的这一报告得到了中央的积极回应，认为这是极其正确的，要求各级党委认真学习这一报告。[②]

其次，"互通情报"，目的在于求得"共同语言"。缺乏共同语言，除了情况的沟通渠道不畅之外，还有彼此思想水平、认识能力等方面的原因。因此，加强干部理论学习，提高其思想水平、政策水平和认识能力就非常重要。毛泽东一再强调，党员领导干部一定要学

①《刘少奇选集》下卷，人民出版社 1985 年版，第 408 页。

②《中共中央文件选集（1949 年 10 月—1966 年 5 月）》第 40 册，人民出版社 2013 年版，第 392—393 页。

习马克思主义基本理论，新中国成立前夕的七届二中全会上，毛泽东指出，虽然说党内领导干部“对宣传马克思主义，提高我们的马克思主义水平，应当有共同的认识”，但实际情况却并非如此，“我们许多高级干部在这个问题上至今还没有共同的认识”，[①]导致他们“在马克思列宁主义的基本理论问题上也有不同的语言”[②]，这样所导致的结果，即大家对同一个问题的认识和理解通常会五花八门。1948 年 12 月，刘少奇在延安马列学院对学员发表讲话时也说：“最近各地写来的报告，审查之后，大错没有，小错一篇中可以找出一百个。语言不通，名词的解释不同，一件事就各有各的解释，我们和你们不同，你们和农民不同。”[③]这种“语言不同”的现象只能通过学习来解决。

在操作层面，要真正做好“互通情报”，当然不是容易的事情，做好这项工作，既要注重效率、实事求是，同时也需讲求方式方法。

首先，尤其是在战争状态下，由于时局瞬息万变，机会稍纵即逝，“互通情报”应当遵守的第一个原则便

①《建党以来重要文献选编（1921—1949）》第 26 册，中央文献出版社 2011 年版，第 196 页。

②《毛泽东选集》第 4 卷，人民出版社 1991 年版，第 1441 页。

③《刘少奇选集》上卷，人民出版社 1981 年版，第 418 页。

是要非常注重效率，确保信息的及时传递。党委成员必须随时掌握工作进程，分享信息，交流经验，纠正错误，才能有效应对。

其次，“互通情报”还应坚持实事求是，要保证信息的准确真实。毛泽东在中共七大的口头政治报告中，曾专门强调，“要讲真话，不偷、不装、不吹”。“偷”是指偷或者抄袭别人的东西，“装”就是装样子，“吹”就是吹牛皮。毛泽东指出，党内沟通交流必须“报实数”，“实报实销”，“我们的情报要真实，不要扯谎”。党委会的领导工作是极严肃的一件事情，它关乎党的决策，关乎人民根本利益。因此，在“互通情报”时，党委委员要对自己的言行负责，要时刻绷紧“实事求是”这根弦，自己向组织及其他委员交互的“情报”信息应该经过认真研究与考证，必须确保其真实可靠。党内沟通时，既不能夸夸其谈，胡乱“装”一通，更不能肆意捏造、无中生有，不知道不要紧，知道得少不要紧，知道多少就是多少。总之，不应讲假话，不能骗人。“我们的情报要真实，不要扯谎。要把自己领导工作的缺点向人家公开，让大家来参观，看我这个旅，有没有马屎、驴屎、有害的微生物，如果有，就来打扫一下，洗干净，扫除官僚主义。”①

1959年6月20日，毛泽东看了新华社关于广东水灾的内部参考材料后，在写给胡乔木、吴冷西的批文中指出：“广东大雨，要如实公开报道。全国灾情，照样公开报道，唤起人民全力抗争。一点也不要隐瞒。政府救济，人民生产自救，要大力报道提倡。工业方面重大事故灾害，也要报道，讲究对策。”②只有情报真实，才有正确的决策，否则，所谓“决策”，只能是空中楼阁。

第三，必须建立通畅良性的沟通渠道来实现高效沟通。“互通情报”的具体方法与途径常见的主要有党内会议、日常接触以及书面呈递等多种形式。1948年5月，毛泽东在为中共中央起草的有关土地改革和整党工作的文件中指出，为了实现在党内“随时互通情报，交流经验，及时纠正错误，发扬成绩”的目标，从“中央、中央局（分局）、区党委（省委）、地委、县委、区委、直到支部”，各级党组织都应该注意加强内部的交流沟通工作。他提出，可以通过“利用无线电、有线电、电话、邮递、专人送信等项通讯方法，小型会议（例如四五个人的），区域会议（例如几个县的），和个

①《毛泽东文集》第3卷，人民出版社1996年版，第349—351页。
②《毛泽东新闻工作文选》，新华出版社1983年版，第214页。

别谈话等项会谈方法，小型巡视团（例如三至五个人的）和个别有威信的委员的巡视方法”，同时充分利用“通讯社和报纸，密切地互相联系起来”，以便掌握运动的动态，实现同级别或者上下级的有效沟通。“全党迫切需要的，是不失时机的生动的具体的报告和指示。”①

除了常规沟通渠道外，此外，还应有一些专门为“互通情报”而召开的“通气会”“交流会”，这种会议从规模上看，可包括小型、中型和大型会议。毛泽东甚至还具体考虑了这些会议的规模和召开的频率，1958 年 1 月，在《工作方法六十条（草案）》中，他指出：“小型会议，参加的几个人，一二十人，便于发现问题和讨论问题。上千人参加的大型会议，只能采取先作报告后加讨论的方法，这种会不能太多，每年两次左右。小型和中型会议每年至少要开四次。这种会最好到下面去开。省委可以到地委召开一个地区或者相近几个地区的县书会议。中央同志和国务院各部门可以轮番到地方开些小型会议。各个经济协作区有事就开会，每年至少开四次。”② 中央指出，“通过这种会议，可以使各省、市、自治区互通情报，交流经验，互相协作，彼此支援，调

①《建党以来重要文献选编（1921—1949）》第 25 册，中央文献出版社 2011 年版，第 319—320 页。

②《毛泽东文集》第 7 卷，人民出版社 1999 年版，第 356 页。

节矛盾，互相评比，以便在中央方针政策和统一规划的领导下，促进社会主义建设事业的共同发展”。[①] 此外，各党委委员在日常生活中的接触交流也是实现“互通情报”的一条重要渠道。与召开会议相比，这种方式更加灵活，既有助于信息交流，也有助于以一种更加轻松的方式消除可能存在的误解与隔阂，密切相互关系。

时代在进步，处于数字化信息时代的今天，沟通渠道更加多元，沟通更加高效便捷，党委会工作也要适应时代的发展，让科技为更高效的情报沟通助力。

①《中共中央文件选集（1949 年 10 月—1966 年 5 月）》第 27 册，人民出版社 2013 年版，第 76 页。

四、不懂得和不了解的东西要问下级，不要轻易表示赞成或反对

党委会的决策要体现其正确性、严肃性和科学性，就必须注重群众路线，先民主后集中，正确决策。毛泽东指出，第一，不懂得和不了解的东西要问下级，不要轻易表示赞成或反对。有些文件起草出来压下暂时不发，就是因为其中还有些问题没有弄清楚，需要先征求下级的意见。我们切不可强不知以为知，要“不耻下问”。第二，先做学生，然后再做先生；先向下面干部请教，然后再下命令。第三，中央领导之所以正确，主要是由于综合了各地供给的材料、报告和正确的意见。如果各地不来材料，不提意见，中央就很难正确地发号施令。对下面来的错误意见也要听，根本不听是不对的；不过听了而不照它做，并且要给以批评。[①]

1943年6月1日，毛泽东在《关于领导方法的若干问题》一文中指出：“在我党的一切实际工作中，凡属正确的领导，必须是从群众中来，到群众中去。这

①《毛泽东选集》第4卷，人民出版社1991年版，第1440—1441页。

就是说，将群众的意见（分散的无系统的意见）集中起来（经过研究，化为集中的系统的意见），又到群众中去作宣传解释，化为群众的意见，使群众坚持下去，见之于行动，并在群众行动中考验这些意见是否正确。然后再从群众中集中起来，再到群众中坚持下去。如此无限循环，一次比一次地更正确、更生动、更丰富。这就是马克思主义的认识论。”① 斯大林曾指出：“我们领导者不应当骄傲，应当了解，我们虽然是中央委员或人民委员，但这还不是说，我们具备了正确领导所必需的一切知识。官衔本身并不提供知识和经验。称号就更不用说了。”也就是说，只靠“我们的经验、领导者的经验”，还不足以实行正确的领导，因此必须“以群众的经验、党员群众的经验、工人阶级的经验、人民的经验来充实自己的经验、领导者的经验”②。

每个人，即便是领导干部，由于自己的知识、环境、认识等诸多原因，对问题的认识都有自己的局限性，要进行决策，绝对不能自以为是，一定要集思广益、群策群力，这才是正确决策的前提和基础。“闻道有先后，术业有专攻”，马克思在写作《资本论》中

①《毛泽东选集》第 3 卷，人民出版社 1991 年版，第 899 页。

②《斯大林文选（1934—1952）》上卷，人民出版社 1962 年版，第 145 页。

“地租”这一章节时，就曾向肖莱马询问过有关农业化学方面的书籍和知识；毛泽东在写《寻乌调查》的调查报告中也指出，“对于商业的内幕始终是门外汉的人，要决定对待商业资产阶级和争取城市贫民群众的策略，是非错不可的”，他自己就是因为通过“古柏同志的介绍，找到了郭友梅和范大明两位老先生”，在他们的指点下，才“象小学生发蒙一样开始懂得一点城市商业情况”，并据此在调查研究的基础上确定了中共对待工商业各阶级的策略。[①] 因此，一定不能自以为是，要通过“从群众来，到群众中去”，广泛征求各方面意见，为决策提供参考。

第一，党委会工作要做到“从群众来，到群众中去”，领导干部必须破除官气，扫掉官气，善于做学生。1958 年 5 月，毛泽东在中共八大二次会议上的讲话中强调，中国共产党执政后，党员干部要以普通劳动者的姿态出现。他指出：“我们有些干部是老子天下第一，看不起人，靠资格吃饭，做了官，特别是做了大官，就不愿意以普通劳动者的姿态出现。这是一种很恶劣的现象。要破除官气，要扫掉官气”，“官气是一种低级趣味，摆架子、摆资格、不平等待人、看不起人，这是最

①《毛泽东文集》第 1 卷，人民出版社 1993 年版，第 131 页。

低级的趣味，这不是高尚的共产主义精神。”破除官气、扫掉官气的办法就是领导干部要以平等的态度，把自己也看作普通群众中的一员，认真倾听群众的意见。“谁有真理就服从谁，不管是挑大粪的也好，挖煤炭的也好，扫街的也好，贫苦的农民也好，只要真理在他们手里，就要服从他们。”[①]

1958 年 1 月，毛泽东在《工作方法六十条（草案）》第二十六条强调，要以真正平等的态度对待干部和群众。必须使人感到人们互相间的关系确实是平等的，使人感到你的心是交给他的。“任何人不论官有多大，在人民中间都要以一个普通劳动者的姿态出现。决不许可摆架子。一定要打掉官风。”[②]2005 年，习近平总书记在《善于同群众说话》这篇短文中也指出：“因此，做群众工作要将心比心，换取真心。群众在党员干部心里的分量有多重，党员干部在群众心里的分量就有多重。这说明，只有在平时多做过细的群众工作，才能真正取得群众的认同和信任。有了这个牢固的基础，遇到问题和矛盾时才容易同群众说上话、有沟通、好商量，能协调。”[③] 只有以学生的姿态才能真正收集到群众的意

①《毛泽东文集》第 7 卷，人民出版社 1999 年版，第 378 页。
②《毛泽东文集》第 7 卷，人民出版社 1999 年版，第 354—355 页。
③ 习近平：《之江新语》，浙江人民出版社 2007 年版，第 146 页。

见和建议，倾听到群众内心的呼声。

第二，调查研究要多听取各方意见。周恩来指出："一个人的认识总是有限的，要多听不同的意见，这样才利于综合。事物总是发展的，有进步和落后，有一般和特殊，有真和假，要进行比较，才能看透。"[①] 在《关于正确处理人民内部矛盾的问题》中，毛泽东强调要让正误双方意见进行积极斗争。他指出，倘若"不让发表错误意见，结果错误意见还是存在着。而正确的意见如果是在温室里培养出来的，如果没有见过风雨，没有取得免疫力，遇到错误意见就不能打胜仗。因此，只有采取讨论的方法，批评的方法，说理的方法，才能真正发展正确的意见，克服错误的意见，才能真正解决问题"[②]。陈云也指出：在干部中间要多注意听反面的意见，这是调查研究的一种重要方法，"凡是提出一种意见的人，他总是看到了一点东西。即使是错误的意见也不要怕，有错误的意见，可能使正确的意见更加正确"。[③] 对待事情要想得到比较全面的正确的了解，党委会要作出正确的决策，那就必须听取各种不同的意见，经过周密的分

①《周恩来选集》下卷，人民出版社 1984 年版，第 314 页。
②《毛泽东文集》第 7 卷，人民出版社 1999 年版，第 232 页。
③《毛泽东　周恩来　刘少奇　邓小平　陈云论调查研究》，中央文献出版社 2006 年版，第 94 页。

析，把它们集中起来，必须要有整理、分析、批判和概括，这才是真正地走群众路线。

第三，在进行调查研究时，对于收集到的下级的和群众的意见要综合考量，不要轻易表示赞成或反对。

斯大林指出，领导者只是从一个方面，或者说，只是从上面来看事物、事件和人的，因此其眼界多少要受到一些限制。相反地，群众却是从另一个方面，从下面来看事物、事件和人的，因此，群众的眼界也有一定程度的限制。所以，“为了对问题做出正确的决定，就必须把这两方面的经验结合起来。只有在这种情况下，领导才是正确的”。[①] 在《党委会的工作方法》中，毛泽东也解释了为什么不能轻易地对下级意见表示赞成或反对，是因为“下面干部的话，有正确的，也有不正确的”，必须认真加以分析。1955 年 3 月，陈云在苏州进行经济调查时指出：“各地反映情况有一个特点，就是老区的地方干部多，他们经过较长期的革命斗争锻炼，敢于反映真实情况，但是不少干部也存在地方观念和片面群众观点。苏南县区负责干部大部分是外来干部，对本地情况不熟悉。新干部的特点是积极、热情，国家观

①《斯大林文选（1934—1952）》上卷，人民出版社 1962 年版，第 146 页。

念、任务观念比较突出，上边说什么就是什么。”[①] 因此，无论新老干部，他们反映的问题都有一定的局限性，因此，虽然必须坚持群众路线，但是对待党内干部反馈的意见也不能完全不加思考分析，照单全收。

“群众的经验需要集中，因为群众的经验是分散的，几千万群众集合起来，他的经验是很丰富的，但是就一个个群众的经验来说是片断的，而大量的群众的经验汇合起来就是非常丰富的。所以，领导的艺术就是要集中群众的经验，把群众大量的经验加以综合，加以分析。群众经验也要一分为二，它有正确的，也有错误的；有成功的，也有失败的。所以，领导者首先要向群众学习，但也不是无条件地跟着走，也不是做群众的尾巴，一方面要当学生，但又不能当尾巴。要学，但学了的东西要分析。好的经验要集中起来，错误的经验就抛弃。”[②] 周恩来也说，做调查研究，要坚持从群众中来、到群众中去，“但对群众的意见领导方面还要加工，然后回到群众中去考验，在这基础上再加工。脱离我们的基本阶级群众，就会丧失党的基础。尾巴主义，随着群

①《毛泽东　周恩来　刘少奇　邓小平　陈云论调查研究》，中央文献出版社 2006 年版，第 91 页。

②《艾思奇全书》第 8 卷，人民出版社 2006 年版，第 655 页。

众跑，就会放弃党的领导”。[①]

第四，党委会的决策必须谨慎，要反复斟酌，再做决断。

在《党委会的工作方法》中，毛泽东举例指出，之所以“有些文件起草出来压下暂时不发，就是因为其中还有些问题没有弄清楚”。党委会领导责任重大，地位作用举足轻重，它的任何一项决策部署、命令指示必须要做到谨慎小心，不能轻易下结论推动出台。陈云曾经讲过的工作方法之一是“反复”。研究问题，制定政策，决定计划，要把各种方案拿来比较。在比较的时候，不但要和现行的做比较，和过去的做比较，还要和外国的做比较。这样进行多方面的比较，可以把情况弄得更清楚、判断得更准确。做了比较以后，不要马上决定问题，还要进行反复考虑。对于有些问题的决定，当时看来是正确的，但是过了一个时期就可能发现不正确，或者不完全正确。因此，决定问题不要太匆忙，要留一个反复考虑的时间，最好过一个时候再看看，然后再作出决定。他曾举例说，和毛泽东在一起工作的时候，发现他对于有些问题也不是一下就决定的。你和他谈问题，

①《周恩来选集》下卷，人民出版社 1984 年版，第 314 页。

他当时嗯一声，但并不一定就是表示同意你的意见。[①]正确的认识不可能一蹴而就，必须经过由实践到认识、再实践、再认识一次次反复，因此，没有把握、没有弄清楚的问题一定要认真推敲，从群众中来、到群众中去，反复斟酌之后再做结论。

中共党史上三个历史决议的通过充分反映了这一工作方法。

1944 年 5 月 10 日，在毛泽东主持的中央书记处会议上，通过决议成立党内历史问题决议准备委员会。任弼时在 1941 年秋由毛泽东起草的《关于四中全会以来中央领导路线问题结论草案》基础上，又吸收了 1943 年“九月会议”以来对党史路线的新认识，写成初稿。写成后即分送政治局委员征求意见，其后又经过了胡乔木、张闻天等人的多次修改。1945 年春开始，毛泽东在张闻天修改后的稿子上前后又进行了七次修改。在党的六届七中全会期间，许多高级干部都参加了历史决议的修改和讨论。毛泽东后来在党的七大预备会上特别讲道：“我们现在学会了谨慎这一条。搞了一个历史决议案，三番五次，多少对眼睛看，单是中央委员会几十对眼睛看还不行，七看八看看不出许多问题来，而经过大

①《陈云文选》第 3 卷，人民出版社 1995 年版，第 189 页。

家一看，一研究，就搞出许多问题来了。”[①] 胡乔木也回忆：“历史决议草稿交给中央全会之前，已在相当大的范围进行了讨论。交给全会之后，讨论的范围更大了。讨论是频繁、认真、深入的。每一句话都经过斟酌，特别是一些重要的段落，讨论得很仔细。那时中央领导层的讨论也很认真。这种讨论成了当时的主要任务。每次修改都是以这些讨论为基础。这样的讨论历史问题，在党的历史上是空前的。讨论的水平、决议的水平，在党的历史上也是空前的。党的历史上没有这样的文件。”[②]

1945 年 4 月 20 日，中共六届七中全会对“草案”进行表决，原则上通过该草案。此后，又历经党的七大、七届一中全会第一次会议的再次讨论修改，到 1945 年 8 月 9 日召开的七届一中全会第二次会议上，《关于若干历史问题的决议》最终获得一致通过。

《关于建国以来党的若干历史问题的决议》起草过程历时近 20 个月，组织了多轮大讨论。1979 年 11 月，在邓小平同志亲自主持下，《关于建国以来党的若干历史问题的决议》起草小组成立。1980 年 10 月 12 日，中共中央办公厅发出组织《关于建国以来党的若干历史问

① 《毛泽东文集》第 3 卷，人民出版社 1996 年版，第 295 页。
② 胡乔木：《胡乔木回忆毛泽东》，人民出版社 2014 年版，第 73 页。

题的决议（草稿）》讨论的通知。这次讨论开始时预定参加人数是4000人，故称为“四千人大讨论”，实际参加的人数比这个数字还要多。“四千人大讨论”从10月中旬先后开始，持续了一个多月，到11月下旬结束。此后又先后经历了四十余人讨论、政治局扩大会议、十一届六中全会预备会讨论。在十一届六中全会预备会审议决议稿的同时，还征求了参加过1980年四千人大讨论的中央党政机关近一千人的意见和各民主党派负责人的意见。在此决议起草过程中，邓小平同志亲自参与审定，十多次提出修改意见，陈云等老同志也都发表了意见。邓小平同志最终评价说，这个决议，“我看是相当认真、严肃，也相当仔细了”。1981年6月27日，在十一届六中全会全体会议上，此草案经讨论获得一致通过。

2021年3月，中央政治局常委会、中央政治局先后召开会议决定，党的十九届六中全会要重点研究全面总结党的百年奋斗重大成就和历史经验问题，并着手成立文件起草组起草相关文件，习近平总书记亲自担任文件起草组组长。4月1日，党中央发出通知，就全会议题在党内外一定范围内组织讨论、广泛征求意见。20多天内，各地区、各部门、各方面汇聚了109份意见，文件起草组整理形成75.3万字的汇总本。

此次文件起草工作征求意见建议的范围、规模空前。在党内，从中央政治局常委会会议审议到中央政治局会议审议，从按程序下发各地区、各部门征求意见到以适当方式征求党内老同志意见，文件起草的各个阶段，始终凝聚着全党的智慧结晶。在党外，广泛征求各民主党派中央、全国工商联和无党派人士意见，来自各方面的真知灼见，成为贯穿文件起草全过程的重要参考。“能吸收的尽量吸收，能体现的尽量体现。”根据各地区、各部门、各方面对决议征求意见稿反馈的1600余条意见和建议，决议稿初步增写、改写、精简文字共计547处，反馈意见吸收率达24.6%。文件起草过程中，除了习近平总书记高度重视文件起草工作，始终引领文件起草工作之外，中央政治局常委、中央政治局委员同志也对决议文稿认真审阅、提出许多重要的修改意见和建议。直到11月8日党的十九届六中全会开幕，这个凝聚了全党智慧和意志、吸收了各方面意见和建议的《中共中央关于党的百年奋斗重大成就和历史经验的决议（讨论稿）》，才摆到了与会同志的面前。当天下午，与会同志又分成10个小组，围绕中央政治局工作报告和决议讨论稿深入讨论、提出意见建议，最终提出修改意见138条。文件起草组根据这些意见、建议对讨论稿作出22处修改。11月10日晚，习近平总书记主持召开中央政治局常委会会议，听取各组讨论情况汇报，研究确定文件修改问题。11 日上午，决议修改稿再次提交小组讨论，形成草案，11 日下午，该草案获得一致通过。

走群众路线，充分发挥民主，集思广益，只有这样，才是正确的决策程序。

第三章

如何抓工作落实

科学决策的落脚点在于工作的落实。关于如何抓好工作的落实,《党委会的工作方法》提出两点,第一,要学会“弹钢琴”,围绕中心工作全面统筹,党委会处理工作要围绕中心,重点突出,但是也不能只注意一方面的问题而忽视或者丢掉其他方面的工作,“凡是有问题的地方都要点一下”。第二,要抓“紧”,狠抓落实。落实是党委会工作的最后一个环节,若是没有抓紧的意识,抓而不紧,党委会决议就没有达到预期实效,浪费时间和精力,“等于不抓”。所以,工作不抓不行,抓而不紧也不行。

一、学会“弹钢琴”

《党委会的工作方法》的第五条，是要求党委会工作时要学会“弹钢琴”。毛泽东指出：“弹钢琴要十个指头都动作，不能有的动，有的不动。但是，十个指头同时都按下去，那也不成调子。要产生好的音乐，十个指头的动作要有节奏，要互相配合。党委要抓紧中心工作，又要围绕中心工作而同时开展其他方面的工作。我们现在管的方面很多，各地、各军、各部门的工作，都要照顾到，不能只注意一部分问题而把别的丢掉。凡是有问题的地方都要点一下，这个方法我们一定要学会。”[①] 学会“弹钢琴”其实就是指导党委会在处理整体与局部、重点与一般、主要矛盾与次要矛盾等关系时应掌握的一种工作方法。如果将各个不同的工作部分或部门等都看成一个个具体的琴键、音符，那么领导者作为负责组织协调的指挥家则必须做到统筹兼顾，才有可能成功地弹好钢琴，奏出华丽乐章。

第一，“弹钢琴”要有重点，要找准“主旋律”。党

①《毛泽东选集》第4卷，人民出版社1991年版，第1442页。

委会工作中也要学会处理中心问题与其他工作的关系。党委会工作中会遇到各式各样的问题，管的方面很多，这就要求我们在纷繁复杂的事务中，处理好中心工作与一般工作的关系，分清事物的主要矛盾和次要矛盾，找准定位、明确目标，切忌眉毛胡子一把抓。要学会对工作有一个精准的判断，抓重点出亮点，抓难题求突破，以重点突破带动全局，以亮点特色体现成效。

马克思主义经典作家曾对领导者掌握工作“中心”的意义作用进行过十分精辟的论述。1902 年，列宁在《怎么办?》一文中曾将“全部政治生活”比喻成“由一串无穷无尽的环节组成的一条无穷无尽的链条”，并进而指出，“政治家的全部艺术就在于找到并且牢牢抓住那个最不容易从手中被打掉的环节，那个当前最重要而且最能保障掌握它的人去掌握整个链条的环节”。[①]1918 年，在《苏维埃政权的当前任务》一文中，列宁强调：“仅仅一般地做个革命家和社会主义拥护者或共产主义者，还是不够的。必须善于在每个时机里找出链条上的一个特别环节，并全力抓住这个环节，掌握整个链条，准备稳步地过渡到下一环节。”[②] 列宁重点强调了“特别环节”

①《列宁选集》第 1 卷，人民出版社 1995 年版，第 441 页。

②《列宁全集》第 27 卷，人民出版社 1952 年版，第 252 页。

对于“掌握整个链条”的重要意义。斯大林对抓关键的工作方法也有重要论述，指出：“要在每个一定的时机找出事变过程链条上的特殊环节，抓住了这个环节，就能掌握整个链条，为取得战略胜利准备条件。”“问题是要从摆在党面前的许多任务中挑出一个当前任务，解决这个任务是中心，实现这个任务就能保证顺利地解决其他一切当前任务。”① 也就是说，领导者要找出中心任务，通过中心任务的解决，带动其他任务的解决。

毛泽东继承了列宁、斯大林的这一重要思想，并结合中国革命的具体实际进行了丰富和发展。日常工作虽千头万绪，但必有其重点，领导干部一定要独具慧眼，学会抓住主要矛盾以及矛盾的主要方面，通过解决中心问题来带动对其他问题的处置应对。1937 年 8 月，他在《矛盾论》中就指出：“任何过程如果有多数矛盾存在的话，其中必定有一种是主要的，起着领导的、决定的作用，其他则处于次要和服从的地位。因此，研究任何过程，如果是存在着两个以上矛盾的复杂过程的话，就要用全力找出它的主要矛盾。捉住了这个主要矛盾，一切问题就迎刃而解了。”②1943 年 6 月，在《关于领导方法

①《斯大林选集》上卷，人民出版社 1979 年版，第 255 页。
②《毛泽东选集》第 1 卷，人民出版社 1991 年版，第 322 页。

的若干问题》一文中，毛泽东强调："在任何一个地区内，不能同时有许多中心工作，在一定时间内只能有一个中心工作，辅以别的第二位、第三位的工作。因此，一个地区的总负责人，必须考虑到该处的斗争历史和斗争环境，将各项工作摆在适当的地位；而不是自己全无计划，只按上级指示来一件做一件，形成很多的'中心工作'和凌乱无秩序的状态。上级机关也不要不分轻重缓急地没有中心地同时指定下级机关做很多项工作，以致引起下级在工作步骤上的凌乱，而得不到确定的结果。领导人员依照每一具体地区的历史条件和环境条件，统筹全局，正确地决定每一时期的工作重心和工作秩序，并把这种决定坚持地贯彻下去，务必得到一定的结果，这是一种领导艺术。"① 邓小平也指出，可以把问题大体上分两种性质：一种叫日常性质的问题；另一种叫重大的问题，日常问题分工负责即可，"如果每一件事情都开委员会讨论，开书记处会议讨论，这样开会要开死人的呀。"但重大问题必须集体决策。②

第二，学会"弹钢琴"还要有全局观，注意整体协调、统筹兼顾。

①《毛泽东选集》第3卷，人民出版社1991年版，第901页。

②《邓小平文选》，人民出版社1984年版，第311页。

毛泽东强调，“弹钢琴要十个指头都动作，不能有的动，有的不动”，指挥者应该具备宏观视野，注意从整体上把握，不能顾此失彼。换言之，“弹钢琴”这一工作方法的实质便是在于统筹兼顾，它强调在抓住主要矛盾和中心工作的同时也能对其他方面的任务安排有所照顾，既要注意局部、也要关注全局，既要重视中心工作、也要注重其他工作，以实现“重点论”与“两点论”的统一。毛泽东在《中国革命战争的战略问题》一文中曾深入探讨了全局与局部的关系，他指出：“全局性的东西，不能脱离局部而独立，全局是由它的一切局部构成的。”[①] 作为一个指挥员，必须既要关注全局，也要关注局部，如果全局和各阶段的关照有了重大缺失，一定会导致失败。“一着不慎，满盘皆输”，一首气势磅礴的乐章需要所有琴键的相互配合，所以弹奏者必须全盘考量，不能顾此失彼。

一是，抓中心的同时，要注重那些虽然目前不是中心，但却不可缺少的工作。

毛泽东是“弹钢琴”的高手，他总是善于在不同的历史背景下，对纷繁复杂的局势进行抽丝剥茧的细致考察，然后再根据具体条件来确定工作重心，但是，在抓

①《毛泽东选集》第 1 卷，人民出版社 1991 年版，第 175 页。

重点工作的同时，毛泽东也非常注重抓住那些即使目前不是中心，但是绝对不可缺少的工作。土地革命战争时期，为了压榨红色力量的生存空间，蒋介石对苏区进行了异常严酷的军事包围和经济封锁。当时，党内有部分同志认为，“在革命战争环境中没有进行经济建设的可能，要等战争最后胜利了，有了和平的安静的环境，才能进行经济建设”。显然，这是脱离全局考虑的单纯军事观点，毛泽东对此进行了批评，强调苏区建设也“必须注意经济工作”。因为，“只有开展经济战线方面的工作，发展红色区域的经济，才能使革命战争得到相当的物质基础”。但与此同时，毛泽东也特别指出，苏区的“经济建设必须是环绕着革命战争这个中心任务的。革命战争是当前的中心任务，经济建设事业是为着它的，是环绕着它的，是服从于它的。那种以为经济建设已经是当前一切任务的中心，而忽视革命战争，离开革命战争去进行经济建设，同样是错误的观点”。他强调，工作中心的转移，必须要以时间、地点等具体条件的变化为依据，“只有在国内战争完结之后，才说得上也才应该说以经济建设为一切任务的中心。在国内战争中企图进行和平的，为将来所应有而现在所不应有的，为将来的环境所许可而现在的环境不许可的那些经济建设工作，只是一种瞎想”。[①]

新中国成立前夕，毛泽东根据环境及条件的变化，对中国共产党进城后的工作做了安排。他在党的七届二中全会上讲话时指出，“城乡必须兼顾，必须使城市工作和乡村工作，使工人和农民，使工业和农业，紧密地联系起来。决不可以丢掉乡村”，要避免在城乡之间有所偏废的情况发生。但是，由于城市将是中国共产党领导执政后的大本营所在，其重要性不亚于革命战争时期的农村根据地，因此，毛泽东也提醒全党，“从现在起，开始了由城市到乡村并由城市领导乡村的时期”，“党和军队的工作重心必须放在城市，必须用极大的努力去学会管理城市和建设城市”。“从我们接管城市的第一天起，我们的眼睛就要向着这个城市的生产事业的恢复和发展。务须避免盲目地乱抓乱碰，把中心任务忘记了。”“城市中其他的工作，例如党的组织工作，政权机关的工作，工会的工作，其他各种民众团体的工作，文化教育方面的工作，肃反工作，通讯社报纸广播电台的工作，都是围绕着生产建设这一个中心工作并为这个中心工作服务的。”这就是重点，这就是中心工作。[②]

①《毛泽东选集》第 1 卷，人民出版社 1991 年版，第 119—126 页。

②《建党以来重要文献选编（1921—1949）》第 26 册，中央文献出版社 2011 年版，第 160—161 页。

1952年10月，针对当时军队中一些干部对当时提出的“以文化教育为这一时期（至1953年5月底为止）的部队训练中心”的方针任意加以解释，有人提出“军事必须服从文化”，还有人说“文化学习为主，工作为辅”，或者笼统提出“文化教育是当前全军的中心工作”，导致军队普遍放松了军事训练和纪律教育，导致出现“军事教育和军事生活”“无人掌管”的状态，毛泽东提出了尖锐的批评。他指出：虽然我们直到1953年5月底前还要坚持以文化教育为主的方针，但是在目前我们尚有大规模的抗美援朝战争，美国仍占领我国台湾地区、沿海及边沿经常需要防敌袭扰，以及新装部队对技术和装备的掌握尚不能熟习等情况下，军事中出现的这些现象“对我军战斗士气的保持和战斗力的提高是有危害的”。刚刚进城的部队，由于文化水平跟不上时代的要求，学习文化确实是现在的当务之急，是目前的中心工作，但是也不能在抓学习的时候扔掉部队的主职主责——军事训练，即使目前暂时不是中心，但绝对不可缺失。毛泽东指出，一切领导机关和领导干部，“必须养成具有照顾全面的整体观念，既要抓紧当前的中心工作，又不要放松即使不是当前的中心、然而是不可缺少的工作，不要只求简单、单纯，抓住一件，放弃其余；也不要对于某一件工作进行任意解释，作不适当的强调”。作为领导者，“当一个运动在开始的时候，集中全力，争取运动的迅速展开，这是必要的；但在运动的进行中，又应及时地了解情况，发现偏差，加以纠正，不要单凭群众的情绪和下级的要求，甚至是领导者本人的兴趣，加以放纵，或不敢纠偏，因而失去领导的责任”。①

不过，即使毛泽东等领导人在长期革命实践中，已经对于抓中心、找关键这一领导方法和工作方法有了相当程度的熟悉和掌握，我们也必须承认，“文化大革命”的十年，中国共产党人因为抓错了中心，出现严重失误，给党和国家的事业造成了严重危害。直到党的十一届三中全会召开，各方面路线拨乱反正的陆续实现，党的工作重心才逐渐转回正轨，恢复到经济建设上来。1980 年 1 月，邓小平在中共中央召集的干部会议上讲话时指出，我国社会主义优越性发挥得不充分，社会生产力发展不快、不稳、不协调的重要原因，在于我们始终没有把工作着重点转到社会主义建设这方面来。在讲话中，他突出强调了经济建设的极端重要性，要求全党“横下心来”，一心一意搞建设。邓小平呼吁，“全党全民要把这个雄心壮志牢固地树立起来，扭着不放，‘顽

①《毛泽东军事文集》第 6 卷，军事科学出版社、中央文献出版社 1993 年版，第 319—323 页。

固’一点，毫不动摇”，因此，如果“离开了经济建设这个中心，就有丧失物质基础的危险。其他一切任务都要服从这个中心，围绕这个中心，决不能干扰它，冲击它。过去二十多年，我们在这方面的教训太沉痛了”[①]。

二是，各个方面都要照顾到，“凡是有问题的地方都要点一下”。

毛泽东指出：“马克思主义者看问题，不但要看到部分，而且要看到全体。一个虾蟆坐在井里说：‘天有一个井大。’这是不对的，因为天不止一个井大。如果它说：‘天的某一部分有一个井大。’这是对的，因为合乎事实。”[②]党委会的工作不仅要观照中心、注重局部，也要注重全部，要处理好全局与局部、中心工作与一般工作的关系。在《党委会的工作方法》中，毛泽东指出，随着革命事业不断取得胜利，中国共产党所要肩负起来的责任也日益重大，“我们现在管的方面很多，各地、各军、各部门的工作，都要照顾到，不能只注意一部分问题而把别的丢掉，凡是有问题的地方都要点一下”，要胸怀全局、放宽视野、协调各方。

党的七届二中全会结束后不久，毛泽东对如何恢复

①《邓小平文选》第2卷，人民出版社1994年版，第249—250页。

②《毛泽东选集》第1卷，人民出版社1991年版，第149页。

国民经济这个问题进行了全面深入的考察。根据当时的具体实际情况，确定了“公私兼顾，劳资两利，城乡互助，内外交流”的“四面八方”经济政策。1949 年 4 月 15 日，他在接见时任太行区党委书记的陶鲁笳等人时，对“四面八方”政策做了详细的说明。毛泽东明确指出，恢复国民经济要照顾各方利益，要充分调动一切积极性，“‘四面八方’缺一面，缺一方，就是路线错误、原则的错误……照顾到‘四面八方’，这就叫全面领导。在工厂开展生产运动，不单要召集工人开会，把工人群众发动起来，也要召集资本家开会，和他们说通，把他们也发动起来。合作社也要公私兼顾，只顾公的方面，不顾私的方面，就要垮台”。[①]

社会主义革命和建设时期，毛泽东对“弹钢琴”方法的运用，集中于他对十大关系的处理。《论十大关系》从农轻重的结构比例、中央与地方的关系、区域经济的布局安排、国家及个人的利益分配、汉族与少数民族的关系、党和非党的关系、革命和反革命的关系、是非问题、中国和外国的关系等方面出发，集中论述了建设社会主义的基本方针。《论十大关系》的最根本点就是告

① 陶鲁笳：《毛泽东教我们当省委书记》，辽宁人民出版社 2012 年版，第 167 页。

诉党的干部：干工作要善于处理各种关系，齐头并进。十个关系，目标只有一个："就是要把国内外一切积极因素调动起来，为社会主义事业服务。"[①] 在《关于正确处理人民内部矛盾的问题》一文中，毛泽东指出，我们做计划、办事、想问题，一定要从我国有六亿人口这一点出发，千万不要忘记这一点。"我们的方针是统筹兼顾，适当安排。无论粮食问题，灾荒问题，就业问题，教育问题，知识分子问题，各种爱国力量的统一战线问题，少数民族问题，以及其他各项问题，都要从对全体人民的统筹兼顾这个观点出发，就当时当地的实际可能条件，同各方面的人协商，作出各种适当的安排。"总之，目标明确，要求全党上下调动一切积极因素为社会主义建设这个大局服务。[②]

邓小平同样也是"弹钢琴"的高手。进入改革开放历史新时期后，主持中央工作的邓小平深刻吸取了过去社会主义建设的经验教训，主张"各个方面需要综合平衡，不能单打一"，坚持用全局视野、联系观点来看待和解决中国的问题。他强调："建设现代化的社会主义强国，任务很多，需要做的事情很多，各种任务之间

①《毛泽东文集》第 7 卷，人民出版社 1999 年版，第 23 页。
②《毛泽东文集》第 7 卷，人民出版社 1999 年版，第 228 页。

又有相互依存的关系，如像经济与教育、科学，经济与政治、法律等等，都有相互依存的关系，不能顾此失彼。”[①] 也正因如此，他提出了一手抓物质文明建设、一手抓精神文明建设，一手抓坚持四项基本原则、一手抓改革开放，一手抓建设、一手抓法制等“两手抓、两手都要硬”的思想，保证了改革开放和社会主义现代化建设顺利推进。

在浙江工作期间，习近平总书记就曾强调一把手要学会“弹钢琴”的领导艺术，对党委会的整体工作进行安排，“领导干部一定要学会全面辩证地看问题，在认识论上要有辩证统一的思想，在方法论上要学会统筹兼顾，在具体工作中要学会‘十指弹琴’”，只有这样，才能顾全大局，真正地坚持马克思主义作风。[②] 2014 年，在接受俄罗斯媒体采访时，习近平总书记说，在中国当领导人，必须在把情况搞清楚的基础上，统筹兼顾，综合平衡，突出重点、带动全局，有的时候要抓大放小、以大兼小，有的时候又要以小带大、小中见大，要学会十个指头弹钢琴。“十指弹琴”，这是对中国共产党百年历史经验的深刻总结，也是新时代中国共产党人立足全

①《邓小平文选》第 2 卷，人民出版社 1994 年版，第 249—250 页。
② 习近平：《之江新语》，浙江人民出版社 2007 年版，第 62 页。

局的执政智慧。

第三，要善于分清轻重缓急，弹好“变奏曲”。一首钢琴曲，曲调高低、节奏缓急都有一定的秩序与规律。党委会决策时，必须对工作有清晰的思路，要依照每一具体地区的历史条件和环境条件，统筹全局，正确地决定每一时期的工作重心和工作秩序，并把这种决定坚持地贯彻下去，才能得到一定的结果，这是一种领导艺术。分清事情的轻重缓急，事情做起来有条不紊，完成的效果自然不同凡响。所以，我们在工作中一定要有长远目标、短期目标、即时目标。一定要善于发现并解决最迫切的问题，只有先解决这些问题，才能解决其他问题。

新中国成立之初，党和国家革命和建设的任务繁多、千头万绪，首先应该抓什么？在 1950 年 6 月召开的中共七届三中全会上，毛泽东作了《为争取国家财政经济状况的基本好转而斗争》的书面报告，并作了《不要四面出击》的重要讲话。报告明确指明，当前一切工作的重心，是“为国家财政经济状况的基本好转而斗争”。新中国成立，是一场巨大的社会变革，“由于社会经济改组和战争带来的工商业的某些破坏，许多人对我们不满。现在我们跟民族资产阶级的关系搞得很紧张，他们皇皇不可终日，很不满。失业的知识分子和失业的工人不满意我们，还有一批小手工业者也不满意我们。在大部分农村，由于还没有实行土地改革，又要收公粮，农民也有意见”。当时，有人还提出，民族资产阶级是革命的对象，应当尽快地加以消灭。毛泽东认为这是错误的，现在还不能敲响资产阶级的丧钟。“四面出击，全国紧张，很不好。”不是不要搞镇压反革命运动，而是要分清轻重缓急，无论如何不能急躁，“必须在一个方面有所让步，有所缓和，集中力量向另一方面进攻”，我们必须尽一切努力让“绝大多数人不反对我们，这样一来，国民党残余、特务、土匪就孤立了，地主阶级就孤立了，台湾、西藏的反动派就孤立了，帝国主义在我国人民中间就孤立了”[①]。“不要四面出击”就是毛泽东的军事战略“集中优势兵力，各个击破敌人”在政治上的灵活运用。战略战术必须随着战场形势的变化而变化，社会主义革命和建设时期也是如此，其策略也要随着形势的变化而变化，所寻找的都是决胜的时机。

1958年1月，毛泽东在《工作方法六十条（草案）》中指出，全面规划是掌握全局和细节的重要方法。在谈到党委如何抓发展社会主义农业工作时，毛泽东认为农业发展规划纲要四十条“必须全部施行”，同时他

①《毛泽东文集》第6卷，人民出版社1999年版，第74—76页。

又从四十条中抽出“产量指标”等十四项要点，“目的在于有所侧重。纲举目张，全网自然提起来了”。毛泽东还提出了具体的掌握时机的方法，即“五年看三年，三年看头年，每年看前冬”①。这就是毛泽东所一贯强调的以重点工作带动其他工作，并使整个工作和谐有序发展的决策艺术。陈云也曾在《学会领导方法》一文中指出了同样的工作方法——领导的任务是要具体区别不同地方，分配以不同的任务，区别任务的缓急，区别主要工作和次要工作。领导要掌好舵，指出主要的努力方向，预防某种偏向。“中心工作与经常工作要分清。不忘记经常工作，但必须抓住中心，防止事务主义，乱无头绪。工作一件一件来，每件工作做到底，就是最有成，最快速度。平均使用力量，瞎抓一气，必无成效。”②

2017 年，习近平总书记在十九届中央政治局第一次集体学习时的讲话中指出：“党的十九大确定的目标任务有近期的，有中期的，也有长期的，要分清轻重缓急，有计划有秩序加以推进。”③对提出的目标，分清轻

①《毛泽东文集》第 6 卷，第 442 页；《毛泽东文集》第 7 卷，第 345—346 页。

②《陈云文选》第 1 卷，人民出版社 1995 年版，第 221 页。

③《习近平关于“不忘初心、牢记使命”论述摘编》，中央文献出版社 2019 年版，第 62 页。

重缓急，从实际出发进行细化和量化，然后按计划、有步骤、分阶段加以实施，使措施和目标配套，把目标要求落到实处。只有这样，才能真正把工作抓好。

第四，“弹钢琴”还要注意加强协调配合，奏出“最强音”。钢琴家在弹奏钢琴的过程中，左右手有明确的分工，右手唱主角，演奏主旋律，而左手唱配角，演奏伴和声。左右配合，方能弹出美妙的乐曲。否则，就算十个指头同时都按下去，那也不成调子。党委会工作中也要做好分工协作。作为党委书记个人，要总揽而不是包揽，善于抓重点，充分发挥党委的领导核心作用，发挥各个班子的职能作用，而不必事必躬亲，专权武断，干预具体政务。党委书记还要善于指挥，“平均使用力量，瞎抓一气，必无成效。遇事不要慌张，也不要松弛。不仅自己会干，而且会推动别人干，要改变那种一人忙众人闲、上忙下闲的状况”。[①] 其他班子成员要全力做好分管的各项工作，要找准自己的定位，明确自己的责任，不能敷衍塞责、推卸责任，要全力配合党委书记的工作，到位而不越位、补台而不拆台。只有十个指头互相配合，才能发出最强音。

①《陈云文选》第 1 卷，人民出版社 1995 年版，第 221—222 页。

二、要“抓紧”

毛泽东在《党委会的工作方法》中指出，“党委对主要工作不但一定要‘抓’，而且一定要‘抓紧’。什么东西只有抓得很紧，毫不放松，才能抓住。抓而不紧，等于不抓”。[①] 他认为，我党有些同志尽管也抓了主要工作，但没有持续有力地把握住，没有抓紧，结果影响了工作的效果。毛泽东认为，工作不抓不行，抓而不紧也不行。一旦确定了工作的中心或重点后，务必要“抓紧”，只有将这种决定坚持地贯彻下去，才能得到一定的结果。“抓紧”其实是强调工作执行力的一种形象表述。江泽民曾这样解释：“抓紧，就是要紧紧张张地工作，不松懈拖沓，要夜以继日、夙兴夜寐地去学习、去研究、去决策部署、去检查督促。不抓紧，就会浪费时光、贻误时机。抓实，就是要老老实实、扎扎实实地工作，不能搞形式主义、搞花架子、做表面文章。要说实话、办实事、求实效。”[②] 这句话深刻诠释了“抓紧”的

①《毛泽东选集》第 4 卷，人民出版社 1991 年版，第 1442 页。
②《江泽民文选》第 2 卷，人民出版社 2006 年版，第 498 页。

核心要义。其中，“紧紧张张”“不松懈拖沓”“夙兴夜寐”强调的是思想态度；“去学习、去研究、去决策部署、去检查督促”则侧重于具体行动。简言之，“抓紧”就是要积极主动地去研究、去落实。

第一，“抓紧”必须要有力度，要狠抓。

抓的力度是影响能否“抓紧”的重要因素。毛泽东强调：“什么东西只有抓得很紧，毫不放松，才能抓住。”在《党委会的工作方法》中，他列举了与“抓紧”相反的两种情况——“不抓紧”与“抓不紧”。所谓“不抓紧”，就是“伸着巴掌”，平摊双手，一副等的姿态，这种明显缺乏主动性的工作态度，自然什么都抓不住。所谓“抓不紧”，也就是说“把手握起来，但是不握紧，样子像抓”，徒具形式，缺乏足够的力度，同样抓不好工作。无论是“不抓紧”的毫无力度，还是“抓不紧”的力度不够，这两种现象都折射出部分领导干部在“抓紧”这个问题上思想认识不足、工作态度消极的现象。要真正实现“抓紧”，需要领导干部具有高度的责任感与强烈的使命感，也需要通过学习、教育，锻炼和强化领导干部“抓紧”的能力与水平，当然这并非一朝一夕之功。

雷厉风行、不拖泥带水是毛泽东行事的一贯风格，对于重要问题，他历来就习惯下大力气狠抓，从不隔靴搔痒、扬汤止沸。1948年1月7日，在全国革命胜利在即的大背景下，为进一步加强中央的集中领导，反对党内广泛存在的无纪律、无政府倾向，毛泽东为中共中央起草了相关指示，要求在党内迅速建立起严格的报告制度。此后又作出一系列补充指示，对如何落实请示报告制度，保证中央的知情权做了具体规定。为了使这一制度真正落地生根，毛泽东与党内各种敷衍塞责、轻视怠慢的消极现象进行了坚决批评和斗争。

中央作出规定之后几个月间，在毛泽东的推动下，党内接连通过会议布置、开展学习运动、进一步发布具体指示等方式推动该制度的早日落实。很快，各地各局均按照中央相关要求，落实了报告制度，唯独当时的东北局迟迟未向中央作报告且并不声明理由。3月25日和8月9日，毛泽东两度催促林彪及东北局，要求他们反映相关情况，但却一直杳无回音。8月15日，毛泽东再次以中央名义起草了一封长达两千多字的电报发给林彪并东北局，严厉批评了他们对中央指示的漠视态度，直言“像大别山那样严重的环境，邓小平同志尚且按照规定向中央主席做了综合性报告……何以你们反不能做此项报告”，“我们完全不了解你们在这件事上何以采取这样的敷衍态度”。毛泽东如此罕见的严厉批评终于引起了林彪及东北局的重视，他们立即开会检讨并向中央提交了综合报告和检讨报告，剖析自身错误的原因在于“没有提到政治的组织的原则高度去认识”，并保证今后“定期向中央作报告……与各种无纪律观念继续作斗争”。8 月 22 日，毛泽东在复电东北局时表示，“你们这次检讨是有益的”，否则，“就不可能克服完全不适用于现在大规模战争的某些严重地存在着的经验主义、游击主义、无纪律状态和无政府状态”。他在电报中特别强调了执行报告制度在大决战前夕的极端重要意义：“只有解决这一问题，才能由小规模的地方性的游击战争，过渡到大规模的全国性的正规战争，由局部胜利过渡到全国胜利。这是许多环节在目前时期的一个中心环节，这一个环节解决了，其他环节就可以顺利解决。”①

以批评东北局为契机，毛泽东继续狠抓党内请示报告指示的落实。8 月 23 日，在复电东北局的次日，毛泽东又一次为中央起草相关指示并下发全党。他强调，纪律性不足的问题是一个在党内首先在各高级领导机关内长期存在着，但一直没能解决，只是在最近才开始认真解决的“关系重大”的问题，全党应“仿照东北局办法，在各中央局、分局、军区及前委的一次至几次会议上加以认真检讨”，要“克服自己及自己属下的经验主

①《毛泽东传》第 2 册，中央文献出版社 2011 年版，第 867—868 页。

义、游击主义、无纪律状态和无政府状态”，不断改进向中央作综合报告的工作。[①]毛泽东对东北局的批评、对纪律建设的重视此后引起全党高度重视。9月5日，邓小平致电刘伯承、陈毅、邓子恢、李先念等中原局相关领导，反思中原局对于中央要求加强纪律性认识不足的问题，要求中原局召开一次正式会议对此作出正式决议。第二天，中共中央中原局即作出关于克服无纪律、无政府状态并建立报告制度的决议。9月8日，邓小平在中共中央政治局会议（“九月会议”）上发言，代表中原局做检讨，承认自己及中原局过去在纪律建设方面工作的不足，“只从要定时报告、不要自定政策两点来认识，但对这样做能解决重大问题了解不够”，“我们对下面无纪律状态采取了原谅态度，犯了自由主义”，必须提高纪律性。在邓小平做检讨时，毛泽东插话指出，“一是抓，一是紧，又抓又紧”才能干好事情，“我们许多事抓而不紧，抓而不紧等于不抓”。[②]

按照中央“九月会议”精神，截至1949年初，人民解放军军团以上单位普遍建立了请示报告制度。截至

①《毛泽东年谱（1893—1949）》（修订本）下册，中央文献出版社2013年版，第338页。

②《邓小平军事文集》第2卷，军事科学出版社、中央文献出版社2004年版，第130页。

1949年上半年，党内请示报告制度在全党全军得到全面落实并普遍建立。不仅要“抓”，还必须“抓紧”，通过一系列紧锣密鼓的动作，党内请示报告制度得到普遍建立和全面贯彻。这一制度的确立，有效克服了无纪律、无政府状态，加强了党的集中统一领导，促进了军队的正规化建设，为解放战争的最终胜利提供了重要保障。

新中国成立初期，毛泽东领导“三反”运动，也充分反映了毛泽东“抓紧”的工作作风。薄一波曾这样描述：“他看准事情，一旦下决心要抓，就抓得很紧很紧，一抓到底，从不虎头蛇尾，从不走过场。他不但提出方针，而且亲自督办；不仅提出任务，而且交代方法。在‘三反’运动紧张的日子里，他几乎每天晚上都要听取我的汇报，甚至坐镇中节委，参加办公会议，亲自指导。”① 到运动后期，他又以很大力量来抓落实定案工作，确定具体的政策原则和处理办法，树立足以作为典型示范的案例，妥善处理运动过程中发生的问题，做好善后工作。善始善终，决不草草收兵。整个“三反”运动期间，毛泽东夜以继日地批阅各地报告，代中央起草决议、指示、批语、电报、信件等就达233件之多。这

① 薄一波：《若干重大决策与事件的回顾》（修订本）上卷，人民出版社1997年版，第148页。

场历时半年的运动是中国共产党执政后自觉抵制和克服资产阶级对党的腐蚀，保持共产党廉政为民本色的成功实践，开创了良好的党风、政风，对后世产生了深远的影响。

第二，抓紧还要抓住机遇，保证及时有效。党委决策要善于把握时间节点，及时下手抓。

抓得及时要求对工作有所预见性，即能够根据已知条件而比较准确、概要地看到事物发展的面貌并预判其将来持续运动的走向，有一定的先见之明。预见性是把握事物发展时间节点的重要前提，作为领导干部做好工作应具备的基本素质之一，毛泽东对此非常重视，他多次向党内同志说明这一工作要领。

1945 年 5 月，毛泽东在中共七大上做关于政治报告讨论的结论时，曾专门用较大篇幅谈到作为领导的“预见”问题。七大召开时，由于当时党的主要活动范围“还是在农村，还是在关内”，很多同志的思想、眼界等都还比较有局限，大家一门心思地专注于农村革命根据地建设等问题上，对城市、东北、工人运动等普遍注意不足。毛泽东当时就特别指出，无论是“大城市”还是“东北”，因为放在当时来讲，“还不是一个眼前的现实问题”，所以党内一般同志对此都还不容易有所察觉。但是，领导者之所以能担负起领导的重任，就在于他能够比一般人要看得更远、更广些。毛泽东指出：“我们这次大会提出注意大城市，注意东北，注意工人运动，就属于这种预见。”“我们大会就已经指出这是明天的事，是一个大量的有普遍意义的东西。我们在这个问题上，如果犯了错误就不得了。”毛泽东要求党内“对于工业问题，对于大城市问题，对于经济问题，对于军队正规化问题”，要提早准备解决，如果不能解决，“那共产党就要灭亡”。[①] 凡事预则立，正因为提前预见到形势的变化，抓而且及时抓紧，当胜利真正来临时，解决问题就不会手忙脚乱。

抓得及时还要求领导者拥有迅速决策的魄力。“机不可失，时不再来”，畏首畏尾、瞻前顾后的态度同样会贻误良机。只有将科学预见与果断决策相互结合起来，才能真正地做到当机立断，从而不失时机地抓住重点。红军长征时期的四渡赤水战役，被毛泽东视为一生中的“神来之笔”。在敌强我弱的情况下，毛泽东吸取前几次战役失利的教训，根据情况的变化，及时灵活地变换作战方向，指挥中央红军巧妙地穿插于国民党军重兵集团之间，为红军赢得了时机、创造了战机，在运动中歼灭了大量国民党军，牢牢地掌握战场的主动权，取

①《毛泽东文集》第 3 卷，人民出版社 1996 年版，第 395—396 页。

得了战略转移中具有决定意义的胜利。这是中国工农红军战争史上以少胜多、变被动为主动的光辉战例。美国作家哈里森·索尔兹伯里在其所著的《长征——前所未闻的故事》中写道：长征是独一无二的，长征是无与伦比的。而四渡赤水又是“长征史上最光彩神奇的篇章”。这场战役的胜利，与毛泽东能够综合分析多方情况、及时果断地决策，关系重大。

第三，要抓得勤。

革命不会毕其功于一役，工作亦不能一蹴而就，党委会的工作不仅要“抓紧”，还必须“抓得勤”。“勤”，从字面意义上讲，是指尽力、不断、多次，有重复行动的含义在里面。但领导干部必须清楚，“抓得勤”绝非机械反复，不应将其仅仅当作表面上和形式上的简单循环。

就事物运动发展的过程性而言，“抓得勤”是指党委会在决策之后的执行过程中要不断加以督导检查，以便及时发现并解决新问题。“当着革命的形势已经改变的时候，革命的策略，革命的领导方式，也必须跟着改变。”[①] 毛泽东在《实践论》中曾写道：人类在变革自然或变革社会的实践中，人们原定的思想、理论、计划、方案，很少有毫无改变完全实现的，因为从事变革现实

①《毛泽东选集》第 1 卷，1991 年版，第 152 页。

的人们，不但常常受科学条件和技术条件的限制，而且也受着客观过程的发展及其表现程度的限制，在这种情况下“由于实践中发现前所未料的情况，因而部分地改变思想、理论、计划、方案的事是常有的，全部地改变的事也是有的。即是说，原定的思想、理论、计划、方案，部分地或全部地不合于实际，部分错了或全部错了的事，都是有的。许多时候须反复失败过多次，才能纠正错误的认识，才能到达于和客观过程的规律性相符合”[①]。党委会的决策，尤其是一些需要较长时间才能完成的决策，按照事物发展的普遍规律而言，中间不可避免地因为主客观条件的变化会发生变化，因此，勤抓常抓，及时部分改变或者全部改变已经不合于实际的思想、理论、计划、方案，使之符合于客观规律，这是保证决策正确执行的重要工作方法。即如毛泽东所说，人们的认识运动必须顺应主客观形势的变化随之推移和发展。“当某一客观过程已经从某一发展阶段向另一发展阶段推移转变的时候，须得善于使自己和参加革命的一切人员在主观认识上也跟着推移转变，即是要使新的革命任务和新的工作方案的提出，适合于新的情况的变化。革命时期情况的变化是很急速的，如果革命党人

①《毛泽东选集》第 1 卷，人民出版社 1991 年版，第 293—294 页。

的认识不能随之而急速变化，就不能引导革命走向胜利。”① 当然，这并非意味着朝令夕改，而是在尊重事物发展规律前提下的及时修正。

第四，对于确定不移的目标，还必须“经常抓”“长期抓”。

党的十八大以来，习近平总书记一直坚持把反腐工作放在关系党的生死存亡的头等位置，始终保持惩治腐败的高压态势，其所体现的就是“长抓”“常抓”的作风。2013 年 1 月，习近平总书记在第十八届中央纪律检查委员会第二次全体会议上进行讲话时指出：“反腐倡廉必须常抓不懈，拒腐防变必须警钟长鸣，关键就在‘常’、‘长’二字，一个是要经常抓，一个是要长期抓。我们要坚定决心，有腐必反、有贪必肃，不断铲除腐败现象滋生蔓延的土壤，以实际成效取信于民。”② 此后不久，他又结合“四风”问题的解决，指出无论是反腐倡廉，还是作风建设，都关乎党的形象，“解决‘四风’问题没有休止符”。作为政党建设的一项规律，“若干年搞一次全党性活动，就像一个肌体需要不断修复、康复、治疗、锻炼一样，一间房间需要经常打扫一样，党内政治生活和

①《毛泽东选集》第 1 卷，人民出版社 1991 年版，第 294 页。

②《论群众路线——重要论述摘编》，中央文献出版社、党建读物出版社 2013 年版，第 131 页。

教育活动也需要经常性、长期性开展”。[①]

抓常，就是要经常抓、见常态；抓长，就是要持久抓、见长效，重在持久，必须反复抓；另外还要抓细，深入抓，见实招。如果对工作、对事业仅仅满足于一般化、满足于过得去，大呼隆抓，眉毛胡子一把抓，那么问题往往就会被掩盖。习近平总书记强调，我们党对于作风建设，长期以来一直在抓，但实际情况却是很多问题不仅没有解决，反而变本加厉了，原因何在？习近平总书记指出：“症结就是没有抓长，三天打鱼两天晒网，集中抓的时候雷霆万钧，平时则放任自流。”所以，对于作风问题“必须抓长、长抓，扭住不放，持之以恒，久久为功”，否则就会陷入“抓一抓就好一些，放一放就松下来”的怪圈，抓而无效。[②]

①《习近平关于党风廉政建设和反腐败斗争论述摘编》，中国方正出版社、中央文献出版社 2015 年版，第 84 页。

②《习近平关于党风廉政建设和反腐败斗争论述摘编》，中国方正出版社、中央文献出版社 2015 年版，第 84 页。

第四章

如何召开党委会会议

《党委会的工作方法》的第七条至第九条，是对如何召开党委会会议工作方法的介绍。第一，党委会会议召开前，就要做好调查研究工作，做好数量统计和分析，做到胸中有“数”，从而增强决策的科学性和实效性。第二，党委会召开之前要做好“安民告示”，也就是会前准备工作，要让大家提前了解党委会要解决的问题是什么，要有充分准备。第三，要求精兵简政，写文章、开会都应简明扼要。文章用短短两句话共 28 个字对会议文稿和会议时长提出要求：“讲话、演说、写文章和写决议案，都应当简明扼要。会议也不要开得太长。”

一、胸中有“数”

所谓胸中有“数”，是指党委会会议召开前，要进行调查研究，对实际情况要有基本的了解，注重对情况和问题的量的全面分析和数的精确把握，以取得制定和实施决策的科学依据。“对情况和问题一定要注意到它们的数量方面，要有基本的数量的分析。因为任何质量都表现为一定的数量，没有数量也就没有质量”。[①] 如果不懂得注意事物的数量方面，不懂得注意基本的统计、主要的百分比，不懂得注意决定事物质量的数量界限，一切都是胸中无“数”，这样的会议就是劳而无功。

任何事物都是数量和质量的辩证统一。要正确认识事物，不仅要认识事物的质，而且要认识事物的量，从质和量的统一上加以把握。同时还要在掌握事物的基本数量基础上了解主要的百分比，这对于认识事物的本质、制定正确的政策，有着重大的意义。

土地革命时期，毛泽东对中国农村的土地关系、阶级状况、剥削程度等，进行了深入细致的调查。1928

---

①《毛泽东选集》第 4 卷，人民出版社 1991 年版，第 1442 页。

年，毛泽东在深入调查研究基础上，分析了井冈山边界土地状况：“大体说来，土地的百分之六十以上在地主手里，百分之四十以下在农民手里。江西方面，遂川的土地最集中，约百分之八十是地主的。永新次之，约百分之七十是地主的。万安、宁冈、莲花自耕农较多，但地主的土地仍占比较的多数，约百分之六十，农民只占百分之四十。湖南方面，茶陵、酃县两县均有约百分之七十的土地在地主手中。”[①]

在兴国调查时，毛泽东了解到，地主富农人数不过6%，他们的土地却占80%，其中富农占去30%，公堂土地又有许多在富农的掌握中，中农人口占20%，土地却只占15%。“若不平分富农的土地，多数人土地不足的问题便难解决”，而“平分土地，中农是需要的，因为他们土地不足，平分土地对于他们是增加而不是减少土地，那些平分要损及中农的说法是不对的”[②]。正是基于这些翔实的数据分析，毛泽东了解了中国各种阶级的相互关系，确定了哪些阶级是革命斗争的主力、哪些阶级是我们应当争取的同盟者、哪些阶级是要打倒的，为中国共产党制定正确的土地革命政策提供了依据。

①《毛泽东选集》第 1 卷，人民出版社 1991 年版，第 68—69 页。

②《毛泽东农村调查文集》，人民出版社 1982 年版，第 200 页。

中共七届二中全会上，毛泽东用数据向全党说明我国当时采取新民主主义经济政策的原因。当时旧中国的工业和农业在国民经济中的比重分别占10%和90%左右，毛泽东紧紧地抓住10%和90%这两个百分比，详细地论证了这一基本数字如何规定和产生了我党的战略、策略和一系列的经济政策。中国当时的经济形态应该是新民主主义的，“对内的节制资本和对外的统制贸易”，是这个国家在经济斗争中的两个基本政策。毛泽东还告诫全党，“谁要是忽视或轻视了这一点，就将要犯绝大的错误”。①

在把握事物的数量关系时，毛泽东还特别指出，要注意决定事物质量的数量界限。所谓决定事物质量的数量界限，就是指一事物转变为另一事物的关节点。超过了这个数量界限，事物的性质就起了根本变化。在土地改革中，根据中国农村的实际情况和土改政策的经验，“有剥削收入的农民，其剥削收入占总收入百分之二十五（四分之一）以下者，应订为中农，以上者为富农”。② 这些数据的掌握，对于防止土地改革中“左”和“右”的错误，贯彻依靠贫农、团结中农、消灭封建剥

①《毛泽东选集》第4卷，人民出版社1991年版，第1433页。
②《毛泽东选集》第4卷，人民出版社1991年版，第1269页。

削制度的路线，至关重要。

解放战争时期，对于数量与质量的精准把握，使毛泽东能够冷静地判断形势，从容指挥战争。以国共两党有生力量消长为例，1946 年 10 月，毛泽东为中共中央起草了《三个月总结》的党内指示，指出，在全面内战开始后的三个月中，向解放区进攻的全部蒋军 190 多个旅，已被我军歼灭 25 个，今后一段时间的任务，就是再歼敌 25 个旅，“这是改变敌我形势的关键”。①1947 年 2 月，毛泽东起草的党内指示中，又列出了另一组数据：指出经过这一段时间的作战，进攻解放区的 218 个旅中，被我歼灭者已超过四分之一。蒋军“虽然有些部队在被歼灭后又以原番号补充恢复，但其战斗力很弱。有些补充后又被歼灭，有些则根本没有补充”。我军则已在几个战场上开始夺取了主动，由此，毛泽东分析，“预料今后数月内可能达到歼灭蒋军连前共计一百个旅的目的”，若如此，“军事形势必将发生重大的变化”。②七个月之后，毛泽东手中拿到了另一组数据，从 1946 年 7 月至 1947 年 6 月，我军共歼敌 120 余万人，毛泽东说，“这是一个伟大的胜利”。他又进一步详细分析了

---

①《毛泽东选集》第 4 卷，人民出版社 1991 年版，第 1205—1206 页。

②《毛泽东选集》第 4 卷，人民出版社 1991 年版，第 1212 页。

蒋军数量和质量情况，指出："只要我军能如第一年作战平均每月歼敌八个旅，在第二年再歼敌九十六至一百个旅（七、八两月已歼敌十六个半旅），则敌军将进一步大受削弱，其战略性机动兵力将减少至极度，势将被迫在全国一切地方处于防御地位，到处受我攻击。"①到1947年12月时，毛泽东又利用了一组数字，"十七个月（一九四六年七月至一九四七年十一月为止，十二月的尚未计入）作战，共打死、打伤、俘虏了蒋介石正规军和非正规军一百六十九万人，其中打死和打伤的有六十四万人，俘虏的有一百零五万人。这样，就使我军打退了蒋介石的进攻，保存了解放区的基本区域，并使自己转入了进攻"。由此，他宣布，"中国人民的革命战争，已经达到了一个转折点"。②这是一个对中国革命发展进程的大判断。在当时敌我斗争形势并不很明朗的情况下，毛泽东通过对这些数据的分析，经过敏锐而审慎地观察和思考，作出了这样的判断。以这个大判断为依据，怎样打倒蒋介石、建立新中国这些重大问题便提到了中国共产党人的议事日程上。

而在一年之后的1948年11月，毛泽东又一次指

①《毛泽东选集》第4卷，人民出版社1991年版，第232页。

②《毛泽东选集》第4卷，人民出版社1991年版，第1247—1248页。

出，中国军事形势又进入了一个新的转折点，国民党的全部军队包括陆海空军、正规军非正规军、作战部队和后勤机关在内，现在只有 290 万左右，人民解放军，则由 1946 年 6 月的 120 万人，增至 1948 年 6 月的 280 万人，现在又增至 300 余万人。“战争双方力量对比已经发生了根本的变化。人民解放军不但在质量上早已占有优势，而且在数量上现在也已经占有优势。这是中国革命的成功和中国和平的实现已经迫近的标志。”“这样，就使我们原来预计的战争进程，大为缩短。原来预计，从一九四六年七月起，大约需要五年左右的时间，便可能从根本上打倒国民党反动政府。现在看来，只需从现时起，再有一年左右的时间，就可能将国民党反动政府从根本上打倒了。”全国解放战争便以这个全局性的判断为依据，以新的姿态新的部署，加快步伐展开。[①] 再到 1949 年 3 月，党的七届二中全会召开之时，国民党作战部队仅余 100 万人，这个时候的中国共产党人，已经踌躇满志地在为进入城市执掌政权做准备了。

正因为胸中有“数”，毛泽东能够对整个战局的发展作出符合客观实际的预估和判断，制定出正确的路线、纲领、方针和政策，中国历史从此翻开了新的一

①《毛泽东选集》第 4 卷，人民出版社 1991 年版，第 1360—1361 页。

页。胸中有“数”，这是科学决策的前提。

那么，怎样才能做到心中有“数”呢？毛泽东指出，只有进行调查研究。“你对于某个问题没有调查，就停止你对于某个问题的发言权。”“你对那个问题的现实情况和历史情况既然没有调查，不知底里，对于那个问题的发言便一定是瞎说一顿。”所以，一定要“注重调查”，“反对瞎说”！①毛泽东一再强调，没有调查就没有发言权，没有正确的调查同样没有发言权，一定要大兴调查研究之风。“各级党委，不许不作调查研究工作。绝对禁止党委少数人不作调查，不同群众商量，关在房子里，作出害死人的主观主义的所谓政策。”②

调查研究的目的就是要解决问题。“你对于那个问题不能解决吗？那末，你就去调查那个问题的现状和它的历史吧！你完完全全调查明白了，你对那个问题就有解决的办法了。一切结论产生于调查情况的末尾，而不是在它的先头。”毛泽东指出，共产党的正确而不动摇的斗争策略决不是少数人坐在房子里产生的，是在实际经验中产生的，在决策前一定要开展调查研究工作，按照实际情况决定工作方针。毛泽东坚决反对那种不做调

①《毛泽东选集》第 1 卷，人民出版社 1991 年版，第 109 页。
②《毛泽东文集》第 8 卷，人民出版社 1999 年版，第 272 页。

研乱出主意、乱做决策的主观主义的行为，同样也反对盲目地为调查而调查，反对不带问题、不着边际的调查研究，更反对印证式的、歌功颂德式的、浮光掠影式的调查研究。

第一，调查研究“要亲身出马”，要依靠自己亲身的调查研究去解决问题。“凡担负指导工作的人，从乡政府主席到全国中央政府主席，从大队长到总司令，从支部书记到总书记，一定都要亲身从事社会经济的实际调查，不能单靠书面报告。”[①] 在 1958 年写的《工作方法六十条（草案）》中，毛泽东要求做领导工作的人要一定依靠自己亲身的调查研究去解决问题。他还把领导干部“亲自出马”开展调查研究工作，提升到转变党的作风和克服官僚主义的高度来认识，明确要求各级党的领导干部，除了生病和年老的以外，一定要亲身从事社会经济的实际调查，坚持眼睛向下，坚持一线“蹲点”，拿出充裕的时间，轮流到下面去和工人、农民接触，切实做到心中有数。

《论十大关系》的写作充分反映了毛泽东的调查研究思想。1955 年下半年到 1956 年初，新中国经济建设从 1953 年实施第一个五年计划算起，已经有了三年多

①《毛泽东选集》第 1 卷，人民出版社 1991 年版，第 117 页。

的实践经验，经济发展较快，效果也比较好。但那时我国的社会主义经济建设主要是学习苏联，而当时苏联虽然完成了社会主义工业化和农业集体化，却也暴露出了不少问题，与此同时我国的经济建设也发现了由“照抄照搬”、经验不足所导致的问题。在这种背景下，毛泽东向全党提出了总结经济建设的经验，探索适合我国情况的发展道路的历史任务。

从 1955 年 12 月开始的一段时间内，毛泽东和刘少奇等中央领导人抽出大量的时间从事调查研究并听取汇报。从 1955 年 12 月上旬起，刘少奇为准备起草党的八大政治报告，约请中央和国务院 32 个部门的负责人座谈，截至 1956 年 3 月 8 日告一段落；5 月以后，又约新华社、高级党校和检察院等单位谈话。从 1955 年 12 月 21 日到 1956 年 1 月 12 日，毛泽东在离京考察期间，沿途进行了大量的调查工作。在进行实地调查的基础上，从 1956 年 2 月到 4 月下旬，毛泽东用了两个半月的时间，听取了中央工业、农业、商业、运输业、财政等 34 个部门的工作汇报，在此期间，周恩来几乎每次都参加，刘少奇、陈云、邓小平有时也来参加。那段时间，用毛泽东自己的话说，每天是“床上地下，地下床上”，起床就听汇报，穿插着处理日常工作，听完汇报就上床休息。在五个多月的调查中，毛泽东形成了对中国社会主义建设具有长远指导意义的思想，其后，经过中央政治局几次会议讨论，统一认识，集中概括出了《论十大关系》。这次调研活动是新中国成立后以毛泽东同志为代表的中共领导人深入调查研究的典范。

第二，调查工作要面向人民群众，“要和群众做朋友，而不是去做侦探，使人家讨厌”。没有满腔的热忱，没有眼睛向下的决心，没有求知的渴望，没有甘当小学生的精神，调查研究是一定做不好的。毛泽东始终要求全党同志放下架子，深入到基层干部和人民群众中去，争取群众的认同、支持和配合，从而获得真实可靠的信息，调查出真实的情况。毛泽东曾这样介绍自己的经验：“怎样使对方说真话？各个人特点不同，因此，要采取的方法也各不相同。但是，主要的一点是要和群众做朋友，而不是去做侦探，使人家讨厌。群众不讲真话，是因为他们不知道你的来意究竟是否于他们有利。要在谈话过程中和做朋友的过程中，给他们一些时间摸索你的心，逐渐地让他们能够了解你的真意，把你当做好朋友看，然后才能调查出真情况来，群众不讲真话，不怪群众，只怪自己。”毛泽东说，自己在兴国调查时，请了几个农民来谈话。开始时，他们很疑惧，不知究竟要把他们怎么样。所以，第一天只是谈点家常事，“他们脸上没有一点笑容，也不多讲”。后来，请他们吃了饭，晚上又给他们宽大温暖的被子睡觉，这样才使他们开始了解我的真意，“慢慢有点笑容，说得也较多”。再到后来，“我们简直毫无拘束，大家热烈地讨论，无话不谈，亲切得像自家人一样”。①

第三，“要拼着精力把一个地方研究透彻”。毛泽东在《寻乌调查》一文中写道：“要拼着精力把一个地方研究透彻，然后于研究别个地方，于明了一般情况，便都很容易了。倘若走马看花，如某同志所谓‘到处只问一下子’，那便是一辈子也不能了解问题的深处。这种研究方法是显然不对的。”②毛泽东做调查研究特别强调突出重点、选准典型，要坚持做到“走马看花”与“下马看花”相结合，坚持个别与一般相结合，力求从个别问题深入，把一个地方研究透彻，然后再研究别个地方，找出一般性的规律来。毛泽东指出，调查工作应该是长期的，“今天需要我们调查，将来我们的儿子、孙子，也要作调查，然后，才能不断地认识新的事物，获得新的知识”；另外，调查工作还需要“有耐心地、有步骤地去作，不要性急”③。他坚决反对那种“蜻蜓点水”“到处只问一下子”“闭塞眼睛捉麻雀”“瞎子摸鱼”、

①《毛泽东文集》第 2 卷，人民出版社 1993 年版，第 383—384 页。
②《毛泽东文集》第 1 卷，人民出版社 1993 年版，第 132 页。
③《毛泽东文集》第 2 卷，人民出版社 1993 年版，第 378 页。

粗枝大叶、夸夸其谈、一知半解的调查研究作风。陈云也指出："我们应该用百分之九十以上的时间去弄清情况，用不到百分之十的时间来决定政策。这样决定的政策，才有基础。"[①] 只有进行深入细致的调查研究，才能把事情了解清楚，这样的决策才有依据。

第四，"要做系统的由历史到现状的调查研究"，要善于利用分析与综合的方法。调查研究，不仅要用身，还要用"心"，要在详细占有调查资料的基础上进行系统的周密的分析和综合。不然，对着模糊杂乱的一大堆事物的现象，就不能知道问题即矛盾的所在。如此不加分析，毛泽东指出："常常问题是提出了，但还不能解决，就是因为还没有暴露事物的内部联系，就是因为还没有经过这种系统的周密的分析过程，因而问题的面貌还不明晰，还不能做综合工作，也就不能好好地解决问题。"所以，"一篇文章或一篇演说，如果是重要的带指导性质的，总得要提出一个什么问题，接着加以分析，然后综合起来，指明问题的性质，给以解决的办法，这样，就不是形式主义的方法所能济事"。[②]

在1961年的广州中央工作会议上，毛泽东针对

①《毛泽东　周恩来　刘少奇　朱德　陈云　邓小平论调查研究》，中央文献出版社2006年版，第103—104页。

②《毛泽东选集》第3卷，人民出版社1991年版，第83页。

1958 年“大跃进”和人民公社化运动的教训，指出，最近几年，凭感情和估算办事，吃情况不明的亏很大，付出的代价很大。要做系统的由历史到现状的调查研究，没有这种调查研究，就不能产生正确的具体政策。毛泽东一再强调，调查研究要带着哲学头脑下去，只有“分析好”“研究好”，才能有“大有益”“大收获”。

调查研究是我们党的传家宝，是共产党员做好工作的基本功。以习近平同志为核心的党中央高度重视调查研究工作。党中央出台的八项规定，把改进调查研究摆在第一位。习近平总书记多次强调党的干部要深入进行调查研究，要眼睛向下、脚步向下，经常扑下身子、沉到一线，近的远的都要去，好的差的都要看，干部群众表扬和批评都要听，真正把情况摸实摸透。既要“身入”基层，更要“心到”基层，不能搞作秀式调研、盆景式调研、蜻蜓点水式调研。对调研得来的大量材料和情况，要认真研究分析，由此及彼、由表及里。

党委会做决策之前，只有通过深入的调查研究，才能够真正对所从事的工作、所担负的责任做到胸中有数、心中有方，在此基础上的决策才能够措施对路、方法有效。

二、“安民告示”

在《党委会的工作方法》一文中，毛泽东以“安民告示”为形象比喻，要求做好会前准备工作。他指出：“开会要事先通知，像出安民告示一样，让大家知道要讨论什么问题，解决什么问题，并且早作准备。有些地方开干部会，事前不准备好报告和决议草案，等开会的人到了才临时凑合，好像‘兵马已到，粮草未备’，这是不好的。如果没有准备，就不要急于开会。”①

毛泽东非常注意利用会议这种形式来解决问题，“有了问题就开会”，“规定它几条，问题就解决了”。但是，如何开会、如何开好会，却不是那么容易的一件事。作为领导工作的一种重要方式，开会并非将大家召集起来，你一言、我一语地随随便便发言那么简单，它有着规范的组织机理与运转规律。

1917 年，孙中山深感国人不善开会之弊，为训练国人“行民权之第一步”，著《民权初步》一书予以详解。他指出：“中国人受集会之厉禁，数百年于兹，合群之

①《毛泽东选集》第 4 卷，人民出版社 1991 年版，第 1443 页。

天性殆失，是以集会之规则，集会之条理，集会之习惯，集会之经验，皆阙然无有。以一盘散沙之民众，忽而登彼于民国主人之位，宜乎其手足无措，不知所以。所谓集会，则乌合而已。”[①] 该书的主要内容在今天看来，似乎无足轻重。无非是如何开会、讨论、提议案、提修正案，如何掌握会议，如何表决之类看起来具体而烦琐的规则程序。然而孙中山将此书看得很重，书成之后，将其列入《建国方略》，作为社会建设的措施，与心理建设、物质建设并重。这并不是他心血来潮随意处置之举，而是因为孙中山将这本书作为他实行民权主义、主权在民理论的重要手段来看待。直到今天，虽然我们在如何开会方面已经有了比较成熟的经验，但集会结社的基本程序和规范仍难脱《民权初步》的基本框架。

1929 年 12 月，在红四军第九次代表大会决议中，毛泽东也专列一部分，对红军中不会开会、开不好会等原因进行了分析，并提出对策，毛泽东指出：“主席指导会议要采用很好的技术，要引导群众的讨论潮流奔赴到某一问题。”[②] 而在他后来撰写的《乡苏怎样工作？》等文章中，也有专门对于开会方法的介绍，足见“开会”

①《孙中山选集》(上)，人民出版社 2011 年版，第 434 页。
②《毛泽东文集》第 1 卷，人民出版社 1993 年版，第 91—92 页。

也是一门大学问，唯有深谙整个议程的机制机理，才能真正开好会、开有用的会。

第一，会前必须要做好充分准备。

会前为什么要张贴“安民告示”？因为要提早让大家知道“要讨论什么问题，解决什么问题，并且早作准备”。党委会召开之前，不能搞神秘主义，一定要让参会者事先了解会议的目的，主持者也要为会议做好各项充分准备，不能为开会而开会。

在1929年召开的古田会议上，毛泽东针对红军中的实际情况，总结了“党员到会少兴趣”的多种原因。其中有一条，便是因为“负责人事前没有很好的准备。不准备议事日程，对问题的内容及环境不明了，问题应怎样解决也没有准备一点意见”，以致正式开会时拉杂无主题、话题分散。毛泽东强调，召开会议时，会议负责人“事先要准备议事日程，议事日程要具体化；对问题的内容和环境先要调查清楚，并对于怎样解决先要想一想”，这样的会议才能激发起与会者的兴趣，会议才有意义。[①]1934年，围绕苏区工作中出现的一系列问题，毛泽东作了题为《乡苏怎样工作？》的报告。在谈到苏维埃代表会议如何履职时，毛泽东在讲话中明确指出，

①《毛泽东文集》第1卷，人民出版社1993年版，第91—92页。

苏维埃代表会议要开好，而开好会的基本条件是“一定要主席团准备得好”，“主席团要极力注意代表会议时的领导，每次代表会议事先都要有好的准备”。其中，必不可少的环节就是举行预备会，主席团“要在代表会议之前开一次会，好好准备下次会议的报告与议题”。毛泽东还指出，“这种准备工作，特别是主席要负责任，副主席、文书要帮助主席”。在这篇文章中，毛泽东还详细介绍了乡苏主席团会议如何进行，主席、副主席、文书各自的职责，召开的基本流程，如何确定讨论的中心问题等，和孙中山的《民权初步》中心意思完全一致，那就是“如何开会，如何开好会”[①]。

1948年5月，毛泽东在为中共中央起草的有关土地改革和整党工作的指示中，再一次详细地说明了关于开会的具体形式和具体步骤、方法，要求干部会议召开前，一定要做“充分而恰当的准备”，“事前由少数人商量（由一个人负主责），提出问题和分析问题，写好成文的纲要，精心斟酌这个纲要的内容和文字（注意简明扼要，反对不着边际的长篇大论），然后向干部会议作报告，开展讨论，吸收讨论中的意见，加以补充和修改，作为定论；并将此项文件通知全党和尽可能地在报

①《毛泽东文集》第1卷，人民出版社1993年版，第343—359页。

纸上公开发表”。[①] 直到新中国即将成立前夕的1949年9月4日，在为中共中央起草的《关于各地召开各界代表会议的指示》中，毛泽东还在强调：“必须反对形式主义，每次会议要有充分准备，要有中心内容，要切切实实讨论工作中存在的为人民所关心的问题，要展开批评和自我批评，要当作一件大事去办，否则将损害党的政治威信。”[②]

会前告示的原则在党内同样被其他高级领导人认同。1934年，张闻天写作的《区苏维埃怎样工作？》同样是一篇说明区苏维埃工作方法的文章，文章讲到区苏维埃召开会议时，也要求不论是主席团会议或委员会会议或是部务会议，“必须事先要有充分的准备，要事先指定某一同志负责在会议上做有具体材料与具体意见的简明报告”。[③]1951年8月，邓小平在审阅西南军政委员会秘书处呈交的《关于会议问题的情况和改进意见（草稿）》时也特别批示：“加一条，不开无准备的会议，尽可能地缩短会议时间，会议长与准备不够

①《毛泽东选集》第4卷，第1330页。

②《毛泽东文集》第5卷，第337页

③《建党以来重要文献选编（1921—1949）》第11册，中央文献出版社2011年版，第295页。

有关。”[1]1973 年，即将出席中共十届三中全会预备会之际，周恩来致信毛泽东等，说明在大会正式召开前通过预备会进行一些协商、解释工作很有必要，如果“不进行这个手续，就不能说民主”，在其他人不知情的情况下突然开会，“这等于强加于人”。[2]

第二，会议要有中心议题，不可离题万里。

开会要有明确的主题，不能漫无目的。开会的目的是解决问题，因此开会要有针对性，要明确会议的中心议题是什么，以确保召开会议时与会人员都能够围绕中心议题进行讨论，不可离题万里。明确会议主题的要求看似简单，但它对与会者，尤其是会议主持者的掌控能力提出了非常高的要求。毛泽东曾专门介绍了会议支持者的职责：“要引导群众的讨论潮流奔赴到某一问题；但有重要意义的超出题外的发展，不但不要大杀风景地去喝止他，而且要珍重地捉住这一发展的要点，介绍给大众，成立新的议题。这样会议才有生趣，问题才能得到真正的解决，同时会议也才真正实现了教育的

①《邓小平年谱（1904—1974）》中，中央文献出版社 2009 年版，第 1003 页。

②《周恩来年谱（1949—1976）》下卷，中央文献出版社 1997 年版，第 617 页。

意义。”①

毛泽东强调：“每次代表会议只应有一个主要的问题，此外，可以有一个两个次要的问题。讨论主要问题的时间要多些，讨论次要问题的时间要少些。倘若每次提出好几个大问题来讨论，就会使会议得不到结果。”②毛泽东坚决反对那种事前毫无准备，“不提出问题，不分析问题，不向干部会议作精心准备的、内容文字都有斟酌的报告，而听凭到会人员无目的地杂乱无章地议论，致使会议时间延长，得不到明确而周密的结论”的会议，是一种有害的作风。③在《乡苏怎样工作？》一文中，毛泽东针对当时不少乡苏“会议讨论问题不切实，不分出大问题中的小项目。或者把许多项拢总讨论一顿”的现象，指出这种情况极大地影响了工作效率，徒耗精力与资源。他要求：开会时“讨论的问题要实际化……要按照实际情形来讨论”。“讨论时要一项一项讨论，第一项得了结果，再讨论第二项。讨论的结果成为决议，写在记录簿上，下次好考查，主席团好督促。讨论不完的下次再讨论。”④邓小平也提出，开会时要注意

①《毛泽东文集》第1卷，人民出版社1993年版，第92页。
②《毛泽东文集》第1卷，人民出版社1993年版，第348页
③《毛泽东选集》第4卷，人民出版社1991年版，第1330—1331页。
④《毛泽东文集》第1卷，人民出版社1993年版，第348页。

“话不离题”。“议这个问题，你就对这个问题发表意见，赞成或反对，讲理由，扼要一点；没有话就把嘴巴一闭。不开空话连篇的会，不发离题万里的议论。”[①]

第三，关键在于落实。

开会是有意义的，能够解决问题，但是问题解决与否，还取决于会议决议能否贯彻落实。

党委会的决议，只有落到实处，转化为具体的行动，才真正地意味着其使命的最终完成。毛泽东指出：“过去我们开一次会议，决议很多，以为这些决议会灵，其实并不那么灵。会议的决议，多不一定灵，少也不一定灵，关键还是在于情况明不明，决心大不大，方法对不对。”[②]毛泽东就强调：“决议不要轻易，一成决议，就要坚决执行。”不仅要执行，而且要检查决议落实的情况。在《乡苏怎样工作？》一文中，毛泽东指出，有些乡苏则只有讨论决定，“不在以后相隔不久的会议上提出来检查，即检查也不能指出各村各屋的特点，成功或者失败的原因，又不对于怠工的代表与村主任加以批评。那末这样的讨论与检查有什么用处呢？这种讨论检查是空洞的，官僚主义的，白费去时间，不能完成苏维

①《邓小平文选》第 2 卷，人民出版社 1994 年版，第 283 页。
②《毛泽东文集》第 8 卷，人民出版社 1999 年版，第 236 页。

埃的任务”。①

习近平总书记也曾引用过一副对联，上联是“你开会我开会大家都开会”，下联是“你发文我发文大家都发文”，横批是“谁来落实”。习近平总书记指出：“开会是为了了解情况、倾听意见、集思广益，发现矛盾、分析矛盾、解决矛盾；制定文件，是为开展和落实各项工作提供遵循和依据。因此，开会和发文件是必要的，也是工作的重要环节。但是会议精神和文件再好，如果不落实，仍会劳而无功。”所以，最终还是要“把精力投到抓落实中”。②

“空谈误国，实干兴邦。”党的百年历程已明确表明，唯有专心实事，才能办好大事。对工作的重视和落实，并不由开多少会、开多大规模的会、开多长时间的会衡量。会议有没有效果，首先要看是否事先做足了“功课”、是否聚焦了主题，最终要看解决了多少实际问题、推动了多少实际工作。任何会议都要坚持“务实管用”的原则，当长则长、当短则短，要把问题说清、说深、说透，要开真正能够解决问题的会。

---

①《毛泽东文集》第 1 卷，人民出版社 1993 年版，第 349 页。

②《十七大以来重要文献选编》(下)，中央文献出版社 2013 年版，第 202 页。

三、精兵简政

“讲话、演说、写文章和写决议案，都应当简明扼要。会议也不要开得太长。”《党委会的工作方法》中的第九条工作方法，归结起来就是九个字：写短文、开短会、说短话。这是毛泽东一贯倡导的作风。要求“精兵简政”、简明扼要，这条工作方法表面上谈的是文风、会风的问题，但根源是党风问题。

开会是解决问题的，所以开会一定要有人讲话，要演说，要写文章、写决议，但是写长文、讲长话、套话、空话的作风盛行，导致很多党员群众不愿意甚至厌恶开会，这种作风在 20 世纪 30 年代初的中共党内就遭到了严厉的批判。

张闻天最早将这种现象称之为“党八股”。1932 年，张闻天曾尖锐批评党内的宣传鼓动工作：“往往是死板的、千篇一律的、笼统武断的……我们同志在这一方面的特点，就是‘党八股’（又名‘十八套’）。无论什么问题来的时候，我们就有那么一套话来应付，从拥护苏联、拥护苏维埃与红军起，一直到加紧两条战线的斗争止。我们不管群众是否接受我们的主张，我们却必须把所有的‘十八套’完全吐露出来，方才痛快。像这样的宣传鼓动，当然没有法子动员广大的群众到我们的领导之下。”[①]1937 年 8 月，在《矛盾论》中，毛泽东将党八股的文风与教条主义作风相联系，“我们的教条主义者”，“从来不用脑筋具体地分析任何事物，做起文章或演说来，总是空洞无物的八股调，在我们党内造成了一种极坏的作风”。[②]

不仅是张闻天和毛泽东，党八股在实际工作中普遍存在的状况，在当时也为党内其他领导所重视。1941 年 7 月 2 日，刘少奇在中共中央华中局的演讲中指出，在党内一切要讲道理，但应该提倡的是那些从实际出发的又是为了实践的客观的唯物的道理，而对于“某些知识分子好讲空道理和歪道理”的作风要加以抵制，因为“他们不要事实也可以讲一大篇，从地下可以讲到天上，这是一种空谈、党八股，对党对革命是只有害处毫无益处的。所以在提倡讲道理的作风中，又必须反对空谈和党八股”[③]。

延安整风运动时期，“党八股”作为主观主义和宗派主义的表现形式，被毛泽东提到“整顿党的作风”的

①《张闻天选集》第 1 卷，人民出版社 1985 年版，第 16 页。
②《毛泽东选集》第 1 卷，人民出版社 1991 年版，第 312 页。
③《刘少奇选集》上卷，人民出版社 1981 年版，第 217 页。

高度，进行了严厉的批判。这于 1942 年 2 月，毛泽东在延安干部会议上所作的《反对党八股》的演讲中表现得淋漓尽致。

毛泽东在讲话中列举的党八股的罪状，有好几条是针对这种讲长话、套话、空话的形式主义文风的。

一是“空话连篇，言之无物”。“懒婆娘的裹脚，又长又臭。”文章写那么长，又那么空空洞洞，只有一个目的，“下决心不要群众看”。毛泽东指出，我们应该坚决抛弃言之无物的文章和空话连篇、言之无物的演说，应该研究一下文章怎样写得短些、写得精粹些。文章太长了，有谁来看呢？我们应当禁绝一切空话。

二是无的放矢，不看对象。“共产党员如果真想做宣传，就要看对象，就要想一想自己的文章、演说、谈话、写字是给什么人看、给什么人听的，否则就等于下决心不要人看，不要人听。许多人常常以为自己写的讲的人家都看得很懂，听得很懂，其实完全不是那么一回事，因为他写的和讲的是党八股，人家哪里会懂呢？‘对牛弹琴’这句话，含有讥笑对象的意思。如果我们除去这个意思，放进尊重对象的意思去，那就只剩下讥笑弹琴者这个意思了。为什么不看对象乱弹一顿呢？”

三是语言无味，文章颠来倒去，总是那么几个名词，一套学生腔，乏味得很。毛泽东指出：“革命的文化人而不接近民众，就是‘无兵司令’，他的火力就打不倒敌人。为达此目的，文字必须在一定条件下加以改革，言语必须接近民众，须知民众就是革命文化的无限丰富的源泉。”[①] 但是那些充满党八股作风的文章，作者没有和人民群众接触过，不学群众的语言，“他们的宣传，乏味得很；他们的文章，就没有多少人欢喜看；他们的演说，也没有多少人欢喜听”。因此，“群众就不欢迎他们枯燥无味的宣传，我们也不需要这样蹩脚的不中用的宣传家”。

四是甲乙丙丁，开中药铺。我们的一些同志，“写文章，做演说，著书，写报告，第一是大壹贰叁肆，第二是小一二三四，第三是甲乙丙丁，第四是子丑寅卯，还有大 ABCD，小 abcd，还有阿拉伯数字，多得很！幸亏古人和外国人替我们造好了这许多符号，使我们开起中药铺来毫不费力”。“一篇文章充满了这些符号，不提出问题，不分析问题，不解决问题，不表示赞成什么，反对什么，说来说去还是一个中药铺，没有什么真切的内容。我不是说甲乙丙丁等字不能用，而是说那种对待问题的方法不对。现在许多同志津津有味于这个开中药铺的方法，实在是一种最低级、最幼稚、最庸俗的

①《毛泽东选集》第 2 卷，第 708 页。

方法”。毛泽东指出，这是一种典型的形式主义的方法，让人不用脑子去思考问题、不去思考事物的本质，而是满足于甲乙丙丁的现象罗列。而且这种形式主义的方法与矛盾分析法根本对立。写文章的目的是提出和发现问题，在深入调查、研究、分析问题的基础上解决问题。形式主义的分析过程，就没有经历系统的周密的分析，常常问题是提出来了，但还不能解决，就是因为还没有暴露事物的内部联系，就是因为还没有经过这种系统的周密的分析过程，也就不能解决好问题。

毛泽东非常重视党内文风的改变，认为“党八股”这个形式，不但不便于表现革命精神，而且非常容易使革命精神窒息。要使革命精神获得发展，必须抛弃党八股，采取生动活泼、新鲜有力的马克思列宁主义的文风。那么，怎样才是反对党八股的马克思列宁主义的文风呢？

一是文字要生动活泼，反对语言无味。在《反对党八股》一文中，毛泽东推荐党员干部阅读从《苏联共产党（布）历史简要读本》中编的讲列宁怎样做宣传的文章。毛泽东要求大家照着列宁的精神去写文章：“不是空话连篇，言之无物；不是无的放矢，不看对象；也不是自以为是，夸夸其谈。”

二是要注意文章的对象，“当你写东西或讲话的时候，始终要想到使每个普通工人都懂得，都相信你的号召，都决心跟着你走。要想到你究竟为什么人写东西，向什么人讲话”。写文章是要给别人看、要让别人看得懂的，所以一定“不生造除自己之外，谁也不懂的形容词之类”。

三是文章和文件都应当具有以下三种性质：准确性、鲜明性、生动性。毛泽东指出：“准确性属于概念、判断和推理问题，这些都是逻辑问题。鲜明性和生动性，除了逻辑问题以外，还有词章问题。现在许多文件的缺点是：第一，概念不明确；第二，判断不恰当；第三，使用概念和判断进行推理的时候又缺乏逻辑性；第四，不讲究词章。看这种文件是一场大灾难，耗费精力又少有所得。一定要改变这种不良的风气。”①

四是写文章必须深入进行调查和研究，必须迈进生活来进行观察，这样的文章才能有活力，能打动自己，更能打动别人。“写不出的时候不硬写”。写完以后还要认真修改，“重要的文章不妨看它十多遍，认真地加以删改，然后发表。文章是客观事物的反映，而事物是曲折复杂的，必须反复研究，才能反映恰当；在这里粗心

①《毛泽东文集》第7卷，人民出版社1999年版，第359页。

大意，就是不懂得做文章的起码知识”。[1]

与党八股的文风相对应的，是党八股的形式主义会风。

形式主义的危害令人深恶痛绝，中国共产党在这方面有着非常深刻的教训。1931 年，邓中夏曾直指湘鄂西苏区形式主义会风之危害。“各种会议不注意讨论问题。除了形式主义的静默行礼呼口号之外，还要照例有什么不关痛痒的形式上的报告，以及非政治的无原则的批评。正式进行讨论，则又非常沉静，找不着中心问题以致没有结果”，要求坚决与此种形式主义进行“无情的斗争”。[2] 在《反对党八股》一文中，毛泽东也对“一开会，二报告，三讨论，四结论，五散会”这种党八股式的开会方式进行了严厉的批评。他指出，这种形式主义的会议，“不看实际情形，死守着呆板的旧形式、旧习惯”，“在会场上做起‘报告’来，则常常就是‘一国际，二国内，三边区，四本部’，会是常常从早上开到晚上，没有话讲的人也要讲一顿，不讲好像对人不起”。为此，毛泽东大声疾呼，要求对党内甚嚣尘上的形式主义现象“加以改革”，号召全党同志必须与之斗争

①《毛泽东选集》第 3 卷，人民出版社 1991 年版，第 830—845 页。
②《邓中夏全集》（下），人民出版社 2014 年版，第 1588—1589 页。

到底。[①]

1944年4月20日，中共中央宣传部、总政治部印发了谭政于4月11日在西北局高干会上所作的《关于军队政治工作问题》的报告，认为这个报告“不但特殊地解决了军队政治工作问题，而且也一般地解决了我党历史经验、领导方法与工作作风上的许多问题，为全党干部所应注意”，要求各相关单位组织学习。报告其中一部分讲到形式主义会风的问题，指出，当时党内存在这样一种现象，无论做什么事，开宗明义第一条就是会议与汇报，名曰“建立会议制度”“建立汇报制度”，会议与汇报执行得好的，就是“模范”，不好的，就不是模范，几乎把会议与汇报当作中心，当作一切。“支部忙于开会，党员忙于到会，结果是大家讨厌开会。”但是，由于“这种会议是毫无内容的，枯燥无味的”，反而引起不满。“这种所谓会议与汇报，只是使支委脱离党员，党员脱离群众。像这样的支部工作，是没有法子做好的。”[②]

一定要写短文、说短话，开短会。1934年，毛泽东在《乡苏怎样工作？》一文中专门提出：“主席团会议最

---

①《毛泽东选集》第3卷，人民出版社1991年版，第841页。

②《建党以来重要文献选编（1921—1949）》第21册，中央文献出版社2011年版，第228页。

好在吃晚饭后，开会时间不要多过两点钟。”[①] 张闻天在《区苏维埃怎样工作?》一文中同样讲道：“每一次会议不要提出很多的问题，通常每次会议以讨论一个或两个问题为好。会议时间至多不得超过两点半钟。”[②] 在写于1948年的《关于健全党委制》一文中，毛泽东也提醒党内“必须注意每次会议时间不可太长，会议次数不可太频繁，不可沉溺于细小问题的讨论，以免妨碍工作。在会议之前，对于复杂的和有分歧意见的重要问题，又须有个人商谈，使委员们有思想准备，以免会议决定流于形式或不能做出决定”[③]。

邓小平也曾批评党内形式主义会风，“电视一打开，尽是会议。会议多，文章太长，讲话也太长，而且内容重复，新的语言并不很多”。邓小平指出，形式主义就是官僚主义，“要腾出时间来多办实事，多做少说”。[④]

形式主义文风和会风在党内屡禁不止，必须引起高度注意。党的十八大以来，习近平总书记多次讲话强调反对形式主义。在2010年发表的《努力克服不良文

①《毛泽东文集》第1卷，人民出版社1993年版，第345页。

②《建党以来重要文献选编（1921—1949）》第11册，中央文献出版社2011年版，第296页。

③《毛泽东选集》第4卷，人民出版社1991年版，第1341页。

④《邓小平文选》第3卷，人民出版社1993年版，第381页。

风 积极倡导优良文风》的文章中，习近平总书记列举了一些领导干部文件、讲话中“长、空、假”的现象：“长，就是有意无意地将文章、讲话添枝加叶，短话长说，看似面面俱到，实则离题万里。群众形容说，这样的讲话有数量无质量，有长度无力度；这样的讲话汇集的书，有价格无价值，有厚度无深度。”“空，就是空话、套话多。照抄照搬、移花接木，面孔大同小异，语言上下雷同，没有针对性，既不触及实际问题，也不回答群众关切，如同镜中之花，没味、没用。”“假，就是夸大其词，言不由衷，虚与委蛇，文过饰非。不顾客观情况，刻意掩盖存在的问题，夸大其词，歌功颂德。堆砌辞藻，词语生涩，让人听不懂、看不懂。”

针对这三点，习近平总书记提出了“短、实、新”的文风。短，就是要“力求简短精练、直截了当，要言不烦、意尽言止，观点鲜明、重点突出。能够三言两语说清楚的事绝不拖泥带水，能够用短小篇幅阐明的道理绝不绕弯子”。实，“就是要讲符合实际的话不讲脱离实际的话，讲管用的话不讲虚话，讲有感而发的话不讲无病呻吟的话，讲反映自己判断的话不讲照本宣科的话，讲明白通俗的话不讲故作高深的话”。新，“就是力求思想深刻、富有新意，正所谓‘领异标新二月花’”。习近平总书记提出的改进文风对策是：第一，“各级领导机关和领导干部要起带头作用”；第二，“把改进文风同改进干部工作作风结合起来，尤其要加强调查研究、深入了解群众呼声”；第三，要“把改进文风同改进党风统一起来，特别要大力改进会风”，反对官僚主义和形式主义。①

2012年12月4日，党的十八大之后新一届中央政治局通过的改进工作作风、密切联系群众的八项规定中的第二条、第三条就涉及会风、文风改进的问题：“要精简会议活动，切实改进会风，严格控制以中央名义召开的各类全国性会议和举行的重大活动，不开泛泛部署工作和提要求的会，未经中央批准一律不出席各类剪彩、奠基活动和庆祝会、纪念会、表彰会、博览会、研讨会及各类论坛；提高会议实效，开短会、讲短话，力戒空话、套话。”“精简文件简报，切实改进文风，没有实质内容、可发可不发的文件、简报一律不发。”

开务实管用的会，不是为开会而开会，不搞形式主义，只有这样，才能充分激发党员干部的精气神，引领干事创业的好作风，形成全神贯注促发展、凝心聚力抓落实的浓厚氛围。

① 习近平：《努力克服不良文风　积极倡导优良文风》，《求是》2010年第10期。

第五章

如何培养正确的工作作风

做好党委会工作需要正确的工作作风来保证。毛泽东关于党委会工作方法的第十条至第十二条，集中讲述了做好党委会工作应具备的工作作风问题。毛泽东指出，第一，党委会成员应该“注意团结那些和自己意见不同的同志一道工作”。团结是工作作风，也是政治纪律、政治规矩。第二，保持党委会成员团结的一个重要条件，就是领导者务必谦虚谨慎，“力戒骄傲”，这是一个原则问题。第三，在工作中要注意“划清两种界限”，到底是革命还是反革命、是成绩还是缺点，“要把界限划好”。这三条工作作风，既是对党委会工作提出的要求，也是对全党各级领导干部和全体共产党员提出的要求，它要求我们各级领导干部，必须端正工作态度和思想作风，以此确保党的各项工作的顺利完成。

一、注意团结那些和自己意见不同的同志一道工作

《党委会的工作方法》中提出的第十条工作方法，是要“注意团结那些和自己意见不同的同志一道工作”。不仅要团结那些和自己意见相同的人，也要团结那些和自己意见不同的人。

加强党的团结是马克思主义政党的基本原则。马克思主义政党是无产阶级的先锋队，无产阶级之所以能够成为不可战胜的力量，其重要原因之一就是其严密的组织性，以及因此所形成的紧密的团结性。在创办第一国际时，马克思就提出了国际的一个基本原则——团结。马克思指出：“工人阶级的团结就是工人胜利的首要前提。”在《共产党宣言》中，马克思、恩格斯首次提出了“全世界无产者，联合起来”这一战斗口号，从此，无产阶级及其政党总是自觉地把团结作为争取革命斗争胜利的重要武器。列宁和斯大林要求苏共必须像保护眼珠一样珍视和保护党的团结。列宁说“一盘散沙的工人

一事无成，联合起来的工人无所不能”[①]，无产阶级的团结和统一是这个阶级取得胜利的必要条件，“这个组织把千百万劳动者团结成一支工人阶级的大军……不管有什么曲折和退步……这支大军一定会把自己的队伍日益紧密地团结起来”，这是这个阶级富有生机与活力的基础和保障。[②]

党的团结和统一，是革命和建设事业取得成功的基本保证。党是我们事业的领导核心，东西南北中，党是领导一切的。只有这个核心是统一的，这个党才会有坚定的意志、协调的行动、强大的战斗力，进而团结广大人民群众，确保全党上下拧成一股绳，心往一处想、劲往一处使，取得革命和建设事业的伟大胜利。我们党自诞生至今，党内遭受过不少错误思想的影响，但是，只要我们能够保持团结统一，就能够形成极大的物质和精神力量，就能够在任何复杂尖锐的斗争环境中，战胜各种艰难险阻，取得斗争的胜利。团结就是生命，团结就是力量，团结就是胜利。

毛泽东在领导中国革命的过程中，一贯强调加强党的团结的极端重要性，把党的团结看作革命取得胜利的

①《列宁全集》第 24 卷，人民出版社 2017 年版，第 205 页。

②《列宁选集》第 1 卷，人民出版社 1995 年版，第 526 页。

无价之宝。1937 年 5 月，毛泽东在中国共产党全国代表会议上所作的结论中指出，全党的团结“是当前民族和民主革命的最重要的基础”。因为只有经过共产党的团结，才能达到无产阶级和全民族的团结；只有经过全阶级全民族的团结，才能战胜敌人，完成民族和民主革命的任务。[①]1938 年，在党的六届六中全会上，毛泽东进一步指出：“中国共产党内部的团结，是团结全国人民争取抗日胜利和建设新中国的最基本的条件。”[②]1943 年 5 月，在《关于共产国际解散问题的报告》中，毛泽东再一次强调：“有两种团结是绝对必要的：一种是党内的团结，一种是党同人民的团结。这些就是战胜艰难环境的无价之宝，全党同志必须珍爱这两个无价之宝。”[③]

我们党在团结问题上是有过深刻教训的。邓小平指出，遵义会议前，我们党没有形成过一个成熟的党中央，这个“成熟”既是指对运用马克思主义理论指导中国革命的具体实践的指导思想的成熟，也是指党在共同政治信仰基础上达到的团结统一的成熟。大革命时期，党内出现了以陈独秀为代表的机会主义思想，在统一战线、武装斗争、土地革命等问题上出现巨大分歧，

①《毛泽东选集》第 1 卷，人民出版社 1991 年版，第 278 页。

② 毛《毛泽东选集》第 2 卷，人民出版社 1991 年版，第 535 页。

③《毛泽东文集》第 3 卷，人民出版社 1996 年版，第 22 页。

导致了大革命的失败；土地革命时期，毛泽东开辟了农村包围城市、武装夺取政权的中国革命新道路，但由于“左”倾路线在党中央占据统治地位，他们反对毛泽东提出的中国革命正确道路，在组织上搞宗派主义，在党内斗争中对意见不同的同志进行“残酷斗争，无情打击”，严重损害了党内团结。长征途中又发生了张国焘分裂党、分裂红军的重大危机，并发展到“另立中央”，最终毛泽东力挽狂澜，实现了三大主力红军会师。“我们的党，在北伐战争时期，不超过六万党员，后来大部分被当时的敌人打散了；在土地革命战争时期，不超过三十万党员，后来大部分也被当时的敌人打散了。”① 当然，被“打散”的原因诸多，但毫无疑问的是，不能做到团结一致是其中重要的一个原因。

从 1942 年开始，经过延安整风，中国共产党实现了新的基础上的团结。1945 年的中共七大是一次“团结的大会”“胜利的大会”。正如毛泽东所指出：“起决定作用的一点是我们内部的团结，只要我们自己团结一致，敌人是不能压倒我们的。”②

第一，加强党内团结，要求“全党同志必须团结在

①《毛泽东选集》第 3 卷，人民出版社 1991 年版，第 1097 页。

②《毛泽东文集》第 4 卷，人民出版社 1996 年版，第 8 页。

中央的周围”，增强中央的凝聚力、向心力。

1943 年，在《关于共产国际解散问题的报告》中，毛泽东指出：“全党同志必须团结在中央的周围，任何破坏团结的行为都是罪恶，只要共产党人团结一致，同心同德，任何强大的敌人，任何困难的环境，都会被我们战胜的。”[①]1945 年，在中共七大上，毛泽东再一次强调了“向中央看齐”的原则，指出：“要知道，一个队伍经常是不大整齐的，所以就要常常喊看齐，向左看齐，向右看齐，向中看齐。我们要向中央基准看齐，向大会基准看齐。看齐是原则，有偏差是实际生活，有了偏差，就喊看齐。”[②] 在邓小平晚年时女儿问他“长征是怎么过来的”，他的回答只有三个字：“跟着走！”

新中国成立后，党的七届四中全会通过的《关于增强党的团结的决议》指出，“党的团结的唯一中心是党的中央”。毛泽东强调，“领导我们事业的核心力量是中国共产党”，因此，“必须把任何地区、任何部门的党的组织及其工作看做是在中央统一领导下的整个党及其工作的不可分割的一部分，反对任何派别思想、小团体习气、地方主义、山头主义和本位主义，反对任何妨碍中

①《毛泽东文集》第 3 卷，人民出版社 1996 年版，第 22 页。
②《毛泽东文集》第 3 卷，人民出版社 1996 年版，第 297—298 页。

央统一领导、损害中央的团结和威信的言论和行动”。[①]改革开放后，邓小平强调：“中央要有权威。改革要成功，就必须有领导有秩序地进行。”

1980年通过《关于党内政治生活的若干准则》规定，“全党服从中央，是维护党的集中统一的首要条件”。党的十一届六中全会通过的《关于建国以来党的若干历史问题的决议》，对毛泽东的历史地位和毛泽东思想作出了科学评价。邓小平指出，“任何一个领导集体都要有一个核心，没有核心的领导是靠不住的……要有意识地维护一个核心”。[②]这是总结党的历史经验得出的科学结论。在中国革命、建设、改革的各个时期，广大党员干部时时处处向中央看齐，团结带领最广大的人民群众，让神州大地“换了人间”。

历史与现实告诉我们，保证党的团结统一是党的生命，也是我们党能成为百年大党、创造世纪伟业的关键所在。在任何时候、任何情况下都不能含糊、不能动摇。2015年2月，习近平总书记在省部级主要领导干部学习贯彻党的十八届四中全会精神全面推进依法治国专题研讨班上的讲话中指出：“我国社会主义政治制度

①《中共中央文件选集（1949.10—1966.5）》第15册，人民出版社2013年版，第254页。

②《邓小平文选》第3卷，人民出版社1993年版，第310页。

优越性的一个突出特点是党总揽全局、协调各方的领导核心作用，形象地说是‘众星捧月’，这个‘月’就是中国共产党。在国家治理体系的大棋局中，党中央是坐镇中军帐的‘帅’，车马炮各展其长，一盘棋大局分明。如果中国出现了各自为政、一盘散沙的局面，不仅我们确定的目标不能实现，而且必定会产生灾难性后果。”办好中国的事情，关键在党。今天的中国共产党人，在实现中华民族伟大复兴的历史进程中，只有增强“四个意识”、坚定“四个自信”、做到“两个维护”，紧密团结在以习近平同志为核心的党中央周围，才能凝心聚力，共创美好未来！

第二，要加强党内团结，不仅要善于团结和自己意见相同的同志，而且要善于团结和自己意见不同的同志一道工作。

共产党人要正确看待党内同志所犯的错误，应坚持“惩前毖后，治病救人”的方针，党内的思想斗争应当适度开展，但是决不能“过火”，不能毫无原则。延安整风期间，毛泽东深刻总结了中共历史上的经验教训，明确提出延安整风的宗旨和方针是“惩前毖后，治病救人”。所谓“惩前毖后”，就是“对以前的错误一定要揭发，不讲情面，要以科学的态度来分析批判过去的坏东西，以便使后来的工作慎重些，做得好些”。所谓“治病救人”，就是“任何犯错误的人，只要他不讳疾忌医，不固执错误，以至于达到不可救药的地步，而是老老实实，真正愿意医治，愿意改正，我们就要欢迎他，把他的毛病治好，使他变为一个好同志”。毛泽东指出：“我们揭发错误、批判缺点的目的，好像医生治病一样，完全是为了救人，而不是为了把人整死。”[①]毛泽东还多次提出：我们党处理历史问题，“不应着重于一些个别同志的责任方面，而应着重于当时环境的分析，当时错误的内容，当时错误的社会根源、历史根源和思想根源，实行惩前毖后、治病救人的方针，借以达到既要弄清思想又要团结同志这样两个目的。对于人的处理问题取慎重态度，既不含糊敷衍，又不损害同志，这是我们的党兴旺发达的标志之一”。[②]中共六届七中全会通过的《关于若干历史问题的决议》没有点王明和博古的名字，毛泽东解释说，“写几个名字很容易，但问题不在他们几个人……党是政治团体，不是家族或职业团体，党员都是来自五湖四海，因为政见相同结合起来的。政见不同就要有争论”，但是，虽然在大是大非的问题上争论要分清界限，但最终的目的是团结，“凡是政治上过去犯

①《毛泽东选集》第3卷，人民出版社1991年版，第827—828页。
②《毛泽东选集》第3卷，人民出版社1991年版，第938页。

过错误现在改正了的同志，我们都要团结他们”。[①] 刘少奇在《论党内斗争》一文中也指出：“只要犯错误的同志不是有意的，并且真正在了解错误，改正错误，那我们就应该欢迎，就不应再事斤斤计较。在党内斗争中，对干部与同志的打击政策，攻击别人与打击别人的政策，不是我们的政策。”“我们的政策是同志间的互相帮助与互相检讨。”

在新民主主义革命时期的历史中，关于如何处理党内团结问题，很有代表性的就是抗日战争后期党内处理“山头”“山头主义”的方法。

抗战全面爆发后，中共挺进敌后，先后开辟了多个抗日根据地。中共走的是以农村包围城市、武装夺取政权的道路，各根据地长期被分割，不可避免地出现各个山头，这是客观环境造成的，由此所导致的各个部队之间、地方之间、工作部门之间互相扯皮推诿，互不尊重，不顾别人的本位主义、宗派主义、山头主义倾向非常严重。1945 年 2 月 15 日，毛泽东在中共中央党校的报告中指出，山头主义问题现在已经引起了全党的重视，“现在不仅我们党校讨论山头主义，延安各个机关也在讨论这个问题。我们提倡各个机关开会，曾经在各

① 《毛泽东文集》第 3 卷，人民出版社 1996 年版，第 284 页。

个根据地奋斗的人、各部分军队的人开会，检讨历史，进行自我批评加以分析，其目的是什么呢？目的就是要消灭山头，使它溶化，全党都变成一个整体”。① 在党的七大上论及这一问题时，毛泽东指出，要肃清党内存在的“山头主义”问题，“就要承认山头，照顾山头，这样才能缩小山头，消灭山头。所以我们要承认有山头，不承认也不行，承认以后要照顾各个部分，各个集团，各个历史不同的部分、不同的问题”。“每到一个地方，就要尊重那个地方的人民，那个地方的军队，那个地方的政府，跟他们搞好关系。这是共产党员的义务。”②

“承认山头，照顾山头”，这是毛泽东根据中国革命的实际情况进行全盘综合考量的结果。各根据地在被长期分割的状态下，在残酷的对敌斗争中能够独立坚持，依靠的是各根据地军民、官兵之间生死与共的血肉联系，这种血与火的考验中凝结而成的深厚革命情感，如果处理得当，可以成为全党团结统一的重要基础。党的七大召开期间，针对中央委员会选举标准和原则讨论时有人提出的“不应该照顾山头、不应该照顾各方面”的意见，毛泽东认为，这“是一个理想，但事实上行不

①《毛泽东文集》第3卷，人民出版社1996年版，第253页。

②《毛泽东在七大的讲话和报告集》，中央文献出版社1995年版，第151—152页。

通，事实上还是要照顾才好，照顾比不照顾更有利益”。为此，他还旗帜鲜明地指出，“我们要肃清山头主义，就要承认山头，照顾山头，这样才能缩小山头，消灭山头”。鉴于七大以前的中央委员会，在组织成分上没有反映各个地方、各个方面的革命力量，没有照顾山头这一实际情况，“是不完全的，是有缺点的”。毛泽东明确提出：“新的中央委员会应该反映这方面的情况，要成为一个缺陷最少的中央。”[①] 正是根据上述精神，第七届中央委员会的选举，既坚持了德才兼备、任人唯贤，又照顾到各条战线、各个战略区（“山头”）；既有利于加强党中央的集体领导和指挥，又有利于加强党对各地区、各条战线工作的领导。比如，在新当选的 77 名中委和候补中委中，当选前在中央及军委机关 18 人，占 23.4%；陕甘宁边区 9 人，占 11.7%；八路军前方总部、华北各战略区 22 人，占 28.6%；华中和新四军 15 人，占 19.5%；国统区 11 人，占 14.3%；在苏联的有 2 人，占 2.6%。正是由于七大选举切实根据中国革命的实际，照顾到了各方面力量，使第七届中央委员会成为一个具有广泛代表性的、具有很高威信的、能够团结全党的坚

①《建党以来重要文献选编（1921—1949）》第 22 册，中央文献出版社 2011 年版，第 465—467 页。

强的领导群体。

“承认山头，尊重山头”，这是根据中国革命实际所作出的现实选择，但是，毛泽东提出，山头主义是必须要消灭的。山头是事实，“但是有了山头主义就不好”，因为容易演变成宗派主义，彼此拉帮结伙，利益输送。因此，从全党统一和团结的目标出发，山头主义必须消灭。毛泽东之后采取逐渐“搬石头”的方法，通过在全党进行马克思主义教育，经过延安整风，以及其后一系列教育活动，全党达到了高度的团结。

另外，在如何对待犯过错误的同志的问题上，中共也逐渐在实践中总结出了成熟的认识。1954 年召开的中共七届四中全会通过的《关于增强党的团结的决议》中有一段专门论述如何对待犯错误同志的内容。对于那种具有在性质上比较不重要的缺点或犯有在性质上比较不重要的错误的同志，或者对于那种虽然具有严重或比较严重的缺点、犯有严重或比较严重的错误，如果他们在受到批评教育以后，“仍能把党的利益放在个人的利益之上，愿意改正并实行改正的同志”，应当采取“治病救人”的方针。对于他们的缺点或错误必须按照情况进行严肃的批评或必要的斗争，但是这种批评或斗争应当从团结出发，经过批评或斗争达到团结的目的，不应当不给他们改正的机会，“更不应当故意将他们的个别的、局部的、暂时的、比较不重要的缺点或错误夸大为系统的、严重的缺点或错误”；但是对于那种与党对抗，坚持不改正错误，甚至在党内进行宗派活动、分裂活动和其他危害活动的分子，党就必须“进行无情的斗争，给以严格的制裁，直至在必要时将他们驱逐出党”。因为只有这样，才能维护党的团结，才能维护革命的利益和人民的利益。①

新中国成立后，毛泽东在《论十大关系》中，再次强调党内党外都要分清是非。对于犯错误的同志，采取“惩前毖后，治病救人”的方针，帮助他们改正错误，允许他们继续革命。“过去，在以王明为首的教条主义者当权的时候，我们党在这个问题上犯了错误，学了斯大林作风中不好的一面。他们在社会上不要中间势力，在党内不允许人家改正错误，不准革命。”②

2016 年 10 月 27 日，中国共产党第十八届中央委员会第六次全体会议通过的《关于新形势下党内政治生活的若干准则》中规定，要建立容错纠错机制，宽容干部在工作中特别是改革创新中的失误。坚持惩前毖后、治病救人，正确对待犯错误的干部，帮助其认识和改正错

①《中共中央文件选集（1949.10—1966.5）》第 15 册，人民出版社 2013 年版，第 255 页。

②《毛泽东文集》第 7 卷，人民出版社 1999 年版，第 39 页。

误。不得混淆干部所犯错误性质或夸大错误程度对干部作出不适当的处理，不得利用干部所犯错误泄私愤、打击报复。惩前毖后不是最终目的，治病救人才是。按照有关党内法规规定，帮助犯了错误的同志正确认识错误、努力改正错误，放下包袱、积极工作，是新时代从严治党的重要目标。

当然，必须指出的是，中国共产党的团结必须是也只能是在马克思列宁主义基础上的团结，在正确的政治原则和正确的组织原则的基础上的团结。中国共产党所强调的团结精神，“就是要在一个原则下团结起来，在正确路线的基础上团结起来，是头脑清醒的团结，不是盲目的团结”。[①]从政治上讲，党的团结主要是指全党上下在纲领与路线等问题上的认识一致、行动一致，基于这种一致，就可以确保全党有共同的行为准则奋斗目标。要坚决反对毫无原则立场，为了团结而团结的不良倾向。刘少奇指出，“对于某些特别调皮捣蛋、经常违反决定、违反纪律、违反共产主义道德的同志，对于他们，原则问题还说不上、也说不通的时候”，可以采取一些相对严肃的方式进行处理，不过要切忌扩大化、普

①《毛泽东文集》第3卷，人民出版社1996年版，第419页。

遍化。[①]

党委会的工作，必须坚持民主集中制，坚持批评与自我批评，“我们讲团结，是从团结全党出发，不是从团结一个山头出发，不是从团结小部分人出发”，不能一团和气，开会讲一声“团结”、再喊一声“团结”并不能达到真正的团结，“讲团结就要加上分析，并且是精密的分析，这一面看一下，那一面看一下，反复地看”，“团结加上分析，对各种矛盾的意见、不对头的意见，对每个人的意见，都加以分析：或者全部是对的，只是句把话不好；或者一部分是对的，一部分是不对的；或者全部是不对的。分清是非，然后落在一个地方，就是团结”。只有这样思想才能酝酿成熟，才能解决问题，才能达到真正的团结。[②] 揭发错误、批判缺点，最终目的还是安定团结，同志之间达成谅解，团结互助，才最终有利于党的事业。

①《刘少奇选集》上卷，人民出版社 1981 年版，第 212—213 页。
②《毛泽东文集》第 3 卷，人民出版社 1996 年版，第 256—257 页。

二、力戒骄傲

毛泽东把“力戒骄傲”作为《党委会的工作方法》第十一条，他说这对于领导者而言不仅“是一个原则问题，也是保持团结的一个重要问题”，任何人都“不要骄傲”。

反对骄傲，这是马克思主义经典作家们的共同特质，也是无产阶级政党保持充沛战斗力和坚强凝聚力的重要法宝。

马克思直言，自己和恩格斯“两人都把声望看得一钱不值”。他在给威·布洛斯的信中指出，由于厌恶一切的个人崇拜与迷信，自己“从来都不让公布那许许多多来自各国的、使我厌烦的歌功颂德的东西”，并且对它们“从来也不予答复，偶尔答复，也只是加以斥责。恩格斯和我最初参加共产主义者秘密团体时的必要条件是：摒弃章程中一切助长迷信权威的东西”。[①]列宁在领导俄国革命的实践中，也多次提醒全党要防止骄傲。1907年5月至6月，俄国社会民主工党第五次代

①《马克思恩格斯选集》第4卷，人民出版社2012年版，第524页。

表大会在伦敦召开。会上，由于获得了波兰及拉脱维亚代表的支持，布尔什维克占据了稳定的大多数席位，从而沉痛地打击了自由资产（阶级）妄图争取革命运动领导权的企图，这对一直处在艰难环境中的布尔什维克党来说确实是一次不小的胜利。对于布尔什维克内部那些表示庆贺的声音，还有一些人断言“孟什维克从此完蛋了”的言论，据斯大林回忆，列宁这时却“特别警惕和戒备起来”。他指出，不要过高估计自己的力量，“尤其要避免过低估计对手的力量”，要清醒地看到“孟什维克在工人运动中还有基础”。列宁向布尔什维克的代表们提出了三点告诫：第一是“不要陶醉于胜利，不要骄傲”；第二是“要巩固自己的胜利”；第三是“要彻底击溃对手，因为对手只是被打败了，但是还远没有被彻底击溃”。斯大林评价：“不因胜利而骄傲”——这是列宁性格中的一个特点，“这个特点使他能够冷静地估计对手的力量，保证党不遭可能发生的意外”。①

1920年4月23日，俄共（布）莫斯科委员会举办了一场名为“共产主义晚会”的活动为列宁庆祝50岁生日。党内很多高级领导人以及社会名流均到场参加。然而列宁却在祝寿词已毕，晚会即将结束时才现身并

① 斯大林：《回忆列宁》第2卷，人民出版社1982年版，第156页。

说："有两件事我自然要感谢你们：第一，感谢你们今天对我的祝贺；第二，更感谢你们让我免听祝词。"列宁说"免听祝词"是有益的，通过这样的方式，"我们也许会逐渐地——当然不是一下子——创造出一种比流行至今的祝贺方式更合适的方式，以前的祝贺方式有时竟成了绝妙的讽刺对象"。随后，他便话锋一转，严肃地讲起了党的现状问题。列宁以考茨基 1902 年发表在《火星报》上的文章《斯拉夫人和革命》为切入点，提醒大家要警惕骄傲带来的危险。考茨基在文章中对俄国革命予以高度评价，称"我们正在迎接革命中心的进一步转移，即向俄国转移"，并希望俄国的革命者能够将沙皇及其同盟者——欧洲资本"这两个敌人一起打倒，希望新的'神圣同盟'比它的前驱垮得更快一些"。列宁说，考茨基"寄予俄国革命的这种期望，的确是过高了"。诚然，布尔什维克"迄今是获得了一些辉煌的成就和辉煌的胜利，可是要知道，这是由当时的情况造成的"，全党同志一定要保持清醒，不要被胜利冲昏了头脑，"一些政党有了骄傲自大的可能，这往往就是失败和衰落的前奏"。对于这种危险，"全体布尔什维克，无论就个人或整个政党来说，都应当加倍地注意"。列宁告诫全党："我希望我们决不要使我们的党落到骄傲自大的地步。”[①]1922年，他在俄共（布）第十一次代表大会上做政治报告的总结发言时再次强调了反对骄傲的极端重要性。“过去所有灭亡了的革命政党之所以灭亡，就是因为它们骄傲自大，看不到自己力量的所在，也怕说出自己的弱点。”[②]

毛泽东在领导中国革命的进程中，尤其是在革命形势日渐明朗之际，同样多次向全党提出“力戒骄傲”的问题。

1944年是明王朝灭亡300周年，也是李自成领导农民起义胜利300周年。这年初，郭沫若写作了一篇总结明朝灭亡和李自成政权迅速夭折的教训的文章——《甲申三百年祭》。文章总结了明王朝灭亡的原因，也讲述了李自成领导的农民起义军推翻明王朝、进入北京以后，一些首领因胜利而骄傲，贪图享受、生活腐化，其所建立的大顺政权仅仅存在了短短的42天便灰飞烟灭的过程，提出了得民心者得天下、贪贿必然亡国的道理。这篇文章的主旨是双重的，它对国民党提出忠告，劝诫国民党以史为镜，警惕重蹈明王朝灭亡的覆辙，同时对正在走向胜利的中国共产党也是一种警醒。该文于

①《列宁全集》第38卷，人民出版社2017年版，第361—362页。
②《列宁全集》第43卷，人民出版社2017年版，第119页。

1944年3月在重庆《新华日报》发表后，迅速引发了社会各界的强烈反响。国民党的《中央日报》和亲国民党的《商务日报》指责文章“鼓吹战败主义和亡国思想”，甚至对郭沫若进行人身攻击，称其为“郭沫诺夫”，指责其依附苏俄。毛泽东则敏锐地洞察到了文章的价值所在，当即批示要求中央有关部门刊印此文，要求党内广泛阅读学习。1944年4月12日，毛泽东在为党内高级干部作报告时回顾了我党历史上曾经在“几次表现了大的骄傲”后，最终吃了亏的历史。毛泽东指出，“全党同志对于这几次骄傲，几次错误，都要引为鉴戒”，全党印发《甲申三百年祭》的原因就在于此。[①]4月18日，《解放日报》将此文全文转载，并加“编者按”指出，反对派对作者的抨击就是“蚍蜉撼大树”，称郭沫若的文章“充满了爱国爱民族的热情”。5月，新华书店总店出版《甲申三百年祭》单行本。1944年11月21日，中共六届七中全会召开期间，毛泽东在给郭沫若的信中说，对于这篇文章，“我们把它当作整风文件看待。小胜即骄傲，大胜更骄傲，一次又一次吃亏，如何避免此种毛病，实在值得注意。”[②]

①《毛泽东选集》第3卷，人民出版社1991年版，第947—948页。
②《毛泽东文集》第3卷，人民出版社1996年版，第227页。

同样是在1944年，毛泽东读到了从苏联归国的诗人萧三赠送的话剧剧本——《前线》。这是一部由苏联剧作家考涅楚克（当年音译为科尔内楚克）创作的文艺作品，主要讲述苏联反法西斯战争时期，作为党内高级干部、老资格的布尔什维克的前线总指挥戈尔洛夫躺在曾经的功劳簿上不求上进，倚老卖老，喜人奉承，压制批评，而不去虚心学习新鲜事物，导致屡犯错误，最终被撤职，不得不让位于新人的故事。毛泽东将此文推荐给《解放日报》，于1944年5月19日到26日连载完毕。6月1日，《解放日报》第1版发表长篇社论《我们从科尔内楚克的〈前线〉里可以学到些什么》，社论指出，《前线》中的戈尔洛夫，是"落后于时代的人"，是"脱离现实的人"。他有功劳、有忠心、有勇敢，但是，他自己满足、不求进步，最终被时代所淘汰。社论指出，中国共产党所处的环境已经发生了很大的变化，我们现在所缺乏的，就是在已经到来的新情况和将要到来的新情况下运用新条件来工作的能力，所以我们"早警惕一些，早点学会一些"，就可以"少走很多冤枉路，少犯很多错误"。1944年6月7日，中共中央宣传部、中央军委总政治部联合下发通知指出，郭沫若的史论《甲申三百年祭》与考涅楚克的剧本《前线》"都是反对骄傲的"，"这两篇作品对我们的重大意义，就是要我们全党，首先是高级领导同志无论遇到何种有利形势与实际胜利，无论自己如何功在党国、德高望重，必须永远保持清醒与学习态度，万万不可冲昏头脑，忘其所以，重蹈李自成与戈尔洛夫的覆辙”。为着实现“干部们深刻了解与警觉之目的”，各地应“将两书翻印、在干部中散发，展开讨论，其不能读者并予帮助解释。在巩固的根据地，如有条件，并可将《前线》上演”。在此后的较长一段时间里，“戈尔洛夫”这个名字在中共党内是批评脱离实际、目空一切、骄傲自大的人的代名词。①

为什么在1944年前后提出防止骄傲的问题？此时的中国共产党经过20多年的英勇斗争，所面临的形势已经发生了巨大的变化。社论《我们从科尔内楚克的〈前线〉里可以学到些什么》讲到了中国共产当时所处的环境变化，指出：“拿陕甘宁边区来说，是全党经过了整风以后的情况，是生产运动大发展，我们脱离了受冻挨饿的危险而变成丰衣足食，我们由几乎没有家务而变成已经有了相当家务的情况；在前方，则是残酷战争的情况，是一面作战，一面又要生产的情况；不论前方和后方，都是抗战的反攻阶段将要到来的情况。”

①《中共党史参考资料（五） 抗日战争时期（下）》，人民出版社1979年版。这套资料集将该通知发布的时间1944年6月7日误写为1943年6月7日。

抗日战争大反攻阶段的到来，预示着这场历时14年的战争即将取得伟大的胜利，这种情况很容易产生骄傲自满、懈怠情绪；但同时，中国共产党面临的形势依然非常严峻，依然面临着巨大的挑战，毛泽东清醒地意识到，在一片乐观情绪之中，必须提醒全党要警醒。在给郭沫若的信中，毛泽东写道："此次抗日战争，应该是成熟了的吧，国际条件是很好的，国内靠我们努力。我虽然兢兢业业，生怕出岔子，但说不定岔子从什么地方跑来；你看到了什么错误缺点，希望随时示知。"①

在党的七届二中全会召开之际，蒋介石集团在政治、经济、军事等各方面的防线均已全线溃败，诚如毛泽东所言："中国人民将要在伟大的解放战争中获得最后胜利，这一点，现在甚至我们的敌人也不怀疑了。"②在胜利即将到来，全党上下乐观情绪高涨之际，毛泽东再一次提醒全党："因为胜利，党内的骄傲情绪，以功臣自居的情绪，停顿起来不求进步的情绪，贪图享乐不愿再过艰苦生活的情绪，可能生长。"他向全党敲响了警钟："务必使同志们继续地保持谦虚谨慎、不骄不躁的作风，务必使同志们继续地保持艰苦奋斗的作

①《毛泽东文集》第3卷，人民出版社1996年版，第227页。

②《毛泽东选集》第4卷，人民出版社1991年版，第1372页。

风。”“夺取全国胜利，这只是万里长征走完了第一步。如果这一步也值得骄傲，那是比较渺小的，更值得骄傲的还在后头。在过了几十年之后来看中国人民民主革命的胜利，就会使人们感觉那好像只是一出长剧的一个短小的序幕。剧是必须从序幕开始的，但序幕还不是高潮。中国的革命是伟大的，但革命以后的路程更长，工作更伟大，更艰苦。”①根据毛泽东的提议，党的七届二中全会作出规定：不做寿；不送礼；少敬酒；少拍掌；不以人名做地名；不要把中国同志与马、恩、列、斯并列。毛泽东认为，做到了这些，就是谦虚谨慎。刘少奇也指出：“得了天下，要能守住，不容易。很多人担心，我们未得天下时艰苦奋斗，得天下后可能同国民党一样腐化。他们这种担心有点理由。在中国这个落后的农业国家，一个村长、一个县委书记，可以称霸。胜利后，一定有些人腐化，官僚化。”②

“力戒骄傲”，这是当时全党的共识。邓小平指出：“如果我们沾染了骄气，我们就不能前进，我们就不会兢兢业业地工作，我们在工作当中就不可避免地要犯严重的错误。如果这种骄傲不及时改正，让其发展下去，

①《毛泽东选集》第4卷，人民出版社1991年版，第1438—1439页。
②《刘少奇选集》上卷，人民出版社1981年版，第413页。

我们就经不起敌对阶级和敌对思想的任何袭击。”骄傲还可以发展到另外一种结果，“只要党内出现了个人主义的骄傲的人们，只要这种人的个人主义情绪不受到党的坚决的制止，他们就会一步一步地在党内计较地位，争权夺利，拉拉扯扯，发展小的活动，直至走上帮助敌人来破坏党分裂党的罪恶道路”，这是“一种可怕的危险”。①

新中国成立以后，党的历史任务由过去的民主革命转变为从新民主主义革命向社会主义转变的奋斗，但是，许多党员包括领导干部对此缺乏应有的精神准备和能力准备，甚至有不少人认为民主革命的胜利就是革命的最终胜利，存在着革命胜利，坐享胜利果实的思想。这是一种极其危险的骄傲情绪。1954 年党的七届四中全会专门通过《关于增强党的团结的决议》，其中一个重要原因就是因为我们的一些干部在新民主主义革命胜利之后，“因为工作中的若干成绩就冲昏了头脑，忘记了共产党员所必须具有的谦逊态度和自我批评精神，夸大个人的作用，强调个人的威信，自以为天下第一，只能听人奉承赞扬，不能受人批评监督，对批评者实行压制和报复，甚至把自己所领导的地区和部门看做个人的资

①《邓小平文选》第 1 卷，人民出版社 1994 年版，第 202、206—207 页。

本和独立王国”。[1] 毛泽东尖锐地批评了这种作风：“不要逞英雄。事业是多数人做的，少数人的作用是有限的。”“上了年纪的人，有了这么多经验，还骄傲，把尾巴翘得那样高，可以不必。”“我们所有的同志，首先是老同志，不要翘尾巴，而要夹紧尾巴，戒骄戒躁，永远保持谦虚进取的精神。”[2] 在党的八大开幕词中，毛泽东指出，我们面临着艰苦的任务，要把一个落后的农业的中国改变成为一个先进的工业化的中国，我们经验不够，所以我们必须向苏联、向各人民民主国家、向世界各国兄弟党学习，“我们决不可有傲慢的大国主义的态度，决不应当由于革命的胜利和在建设上有了一些成绩而自高自大。国无论大小，都各有长处和短处。即使我们的工作得到了极其伟大的成绩，也没有任何值得骄傲自大的理由。虚心使人进步，骄傲使人落后，我们应当永远记住这个真理”。[3]

1962 年 1 月，毛泽东在中央工作会议（七千人大会）上的讲话中，引用《霸王别姬》的故事，告诫各级领导干部谦虚谨慎、戒骄戒躁。他指出，我们的同志是

①《中共中央文件选集（1949.10—1966.5）》第 15 册，人民出版社 2013 年版，第 253 页。

②《毛泽东文集》第 6 卷，人民出版社 1999 年版，第 401—403 页。

③《毛泽东文集》第 6 卷，人民出版社 1999 年版，第 117 页。

不能学西楚霸王那样骄横跋扈的，有了这种毛病就得赶快改正，“这些同志如果总是不改，难免有一天要‘别姬’就是了”。[①] 共产党员尤其是领导干部，应切记谦恭自励——让自己永远走在赶考路上，这是党的事业不断前进的重要保证。

怎样能够防止骄傲？毛泽东曾在多次讲话中谈到这个问题，其中最重要的是要认真实行民主集中制，不论党内党外，都要有充分的民主生活，“要真正把问题敞开，让群众讲话，哪怕是骂自己的话，也要让人家讲”。在党内要充分利用批评与自我批评的武器，只有充分的民主，才能有正确的集中，才能够真正在党内形成我们所理想的“又有集中又有民主，又有纪律又有自由，又有统一意志，又有个人心情舒畅、生动活泼，那样一种政治局面”。

我们的任务是一个接着一个的。我们不但善于破坏一个旧世界，我们还将善于建设一个新世界。新中国成立，革命战争的基本胜利并不意味着革命任务的完结，把蒋介石赶跑之后，“我们的事情还很多……残余的敌人尚待我们扫灭。严重的经济建设任务摆在我们面前。

①《中共中央文件选集（1949.10—1966.5）》第 50 册，人民出版社 2013 年版，第 192—193 页。

我们熟习的东西有些快要闲起来了，我们不熟习的东西正在强迫我们去做”。[①] 70 年前，对于即将执掌全国政权的中国共产党而言，为了巩固政权，让人民群众过上好日子，就必须紧紧依靠工人阶级，学会同党外民主人士精诚合作，“必须用极大的努力学会管理城市和建设城市”，“我们的同志必须用极大的努力去学习生产的技术和管理生产的方法，必须学习同生产有密切关系的商业工作，银行工作和其他工作”，使工人和一般人民的生活有所改善，只有这样，人民政权才能得以巩固。否则“我们就会站不住脚，我们就会失败”。共产党人不能当李自成，不能退回乡村，所以，我们不能骄傲。今天，进入新时代，我们党面临的执政环境错综复杂，影响党的先进性、弱化党的纯洁性的因素也非常复杂，党内存在的思想不纯、组织不纯、作风不纯等突出问题尚未得到根本解决。要深刻认识党面临的“四大考验”的长期性和复杂性，深刻认识党面临的“四大危险”的严锐性和严峻性，我们不仅要政治过硬，更要本领高强。改革开放已走过千山万水，但仍需跋山涉水，摆在我们面前的使命更光荣、任务更艰苦、挑战更严峻、工作更伟大。每位党员干部要有知识不足、本领不足、能力不

①《毛泽东选集》第 4 卷，人民出版社 1991 年版，第 1480 页。

足的紧迫感，自觉加强学习、加强实践，永不自满、永不懈怠。在这个时候，我们绝不能有半点骄傲自满、故步自封，绝不能有任何的犹豫不决、徘徊彷徨，只有勇立潮头、奋勇搏击，才无愧于这个伟大的时代。

三、划清这两种界限：革命和反革命的界限，成绩和缺点的界限

《党委会的工作方法》的最后一条工作方法是要划清界限：一是革命还是反革命？是延安还是西安？二是在革命的队伍中，要划清正确和错误、成绩和缺点的界限，还要弄清它们中间什么是主要的、什么是次要的。毛泽东指出："要把界限划好，必须经过细致的研究和分析。我们对于每一个人和每一件事，都应该采取分析研究的态度。"① 这两种界限，实际上是性质不同的两种矛盾，前一种界限是敌我矛盾问题，而后一种界限是人民内部矛盾问题。界限划清了，就可以针对不同的情况进行不同处理。

第一，要正确划清两种界限，究竟是敌我矛盾，还是人民内部矛盾？

矛盾是普遍存在的，不过按照事物的不同，矛盾的性质也不同。早在大革命时期，毛泽东就已经注意到了一定要正确划分敌我矛盾和人民内部两种矛盾的界

①《毛泽东选集》第 4 卷，人民出版社 1991 年版，第 1444 页。

限。在《中国社会各阶级的分析》一文中，他明确提出了这一问题："谁是我们的敌人？谁是我们的朋友？这个问题是革命的首要问题。中国过去一切革命斗争成效甚少，其基本原因就是因为不能团结真正的朋友，以攻击真正的敌人。革命党是群众的向导，在革命中未有革命党领错了路而革命不失败的。我们的革命要有不领错路和一定成功的把握，不可不注意团结我们的真正的朋友，以攻击我们的真正的敌人。"[①] 分清敌我，目的就是团结真正的朋友，以攻击真正的敌人，两者之间必须做到界限分明。

"革命不是请客吃饭，不是做文章，不是绘画绣花，不能那样雅致，那样从容不迫，文质彬彬，那样温良恭俭让。革命是暴动，是一个阶级推翻一个阶级的暴烈的行动。"[②] 在敌我关系上，毛泽东认为不能对敌人"施仁政"，不能心慈手软，要以革命的暴力对待他们，打击敌人。但是，其前提是能够正确分清敌我，分清是敌我矛盾还是人民内部矛盾，不能用对待敌我矛盾的方法去解决人民内部矛盾。"矛盾和斗争是普遍的、绝对的，但是解决矛盾的方法，即斗争的形式，则因矛盾的性质

①《毛泽东选集》第 1 卷，人民出版社 1991 年版，第 3 页。
②《毛泽东选集》第 1 卷，人民出版社 1991 年版，第 17 页。

不同而不相同。”[①] 因为不能正确划分两者之间的界限，不能正确分清事物的性质，不能正确分清敌我，由此导致错误的斗争方式，这在中国共产党的历史上是有过深刻惨痛教训的。

1931 年 6 月中央政治局通过《中央给红军党部及各级地方党部的训令》，提出“在党内实行两条战线上的斗争，尤须要具有百分之百的布尔什维克的坚强性，一切离开列宁主义的倾向——哪怕是极微小的和刚萌芽的倾向”，“都要给以残酷无情的斗争”。[②] 这是当时以王明为代表的“左”倾机会主义领导者，在贯彻其“左”倾路线中在组织问题上的反映和表现。他们把一切对错误路线有怀疑、不同意、不满意、不积极拥护、不坚决执行的同志，一律错误地戴上“左倾机会主义”“富农路线”“调和路线”“两面派”等大帽子，进行“残酷斗争，无情打击”，甚至用与敌人作斗争的方式来进行党内斗争。这种不能正确划分两种界限而进行的错误的党内斗争，使许多革命同志横遭摧残和迫害，党内批评与自我批评的民主作风几近消失，党内纪律变成了僵死的教条，并危及民主集中制这一党的基本原则。这一错误

①《毛泽东选集》第 1 卷，人民出版社 1991 年版，第 335 页。

②《建党以来重要文献选编（1921—1949）》第 8 册，中央文献出版社 2011 年版，第 465 页。

的方针还打击阻挠了党内马克思主义新鲜活泼、创造性的发展，助长了党内盲目服从、随声附和倾向的滋生，使党的战斗力受到严重削弱，给党的事业造成了极大损失。

延安整风时期，毛泽东对这种错误思想进行了深刻的批判。他在《反对党八股》的讲话中指出，从前许多同志的文章和演说里面，常常有两个名词：一个叫作“残酷斗争”，另一个叫作“无情打击”。但是，这种手段，“用了对付敌人或敌对思想是完全必要的，用了对付自己的同志则是错误的”。毛泽东指出，确实，我们党内也常常有敌人和敌对思想混进来。对于这种人，毫无疑义的是应该采用残酷斗争或无情打击的手段的，因为那些坏人正在利用这种手段对付党，我们如果还对他们宽容，那就会正中坏人的奸计。但是，对于偶然犯了错误的同志，不能用同一手段对付，“须使用批评和自我批评的方法”，毛泽东指出，从前我们之所以自己的同志也大讲“残酷斗争”和“无情打击”，很重要的原因就是没有分析对象，分不清敌友，就只能是“装腔作势，借以吓人”。这种手段，“对敌人是毫无用处，对同志只有损害”。共产党不靠吓人吃饭，而是要靠马克思列宁主义的真理吃饭，靠实事求是吃饭，靠科学吃饭。“总之，任何机关做决定，发指示，任何同志写文章，做演说，一概要靠马克思列宁主义的真理，要靠有用。只有靠了这个才能争取革命胜利，其他都是无益的。”[①]那么，对于同志犯了错误，到底什么样的办法最“有用”呢？在《整顿党的作风》中，毛泽东提出，要“惩前毖后，治病救人”。毛泽东把犯有各种“左”、右倾错误的同志看作一个健康人生了疾病，只有通过治疗才能使之恢复健康，“对以前的错误一定要揭发，不讲情面，要以科学的态度来分析批判过去的坏东西，以便使后来的工作慎重些，做得好些”。但是，我们揭发错误、批判缺点的目的，好像医生治病一样，完全是为了救人，而不是为了把人整死，他将此比喻为“一个人发了阑尾炎，医生把阑尾割了，这个人就救出来了”。“对待思想上的毛病和政治上的毛病，决不能采取鲁莽的态度，必须采用‘治病救人’的态度，才是正确有效的办法。”[②]1944 年 4 月，毛泽东在《学习和时局》的报告中对这一方针又做了进一步阐述。毛泽东提出党内以前斗争的方法有缺点，“一方面，没有使干部在思想上彻底了解错误的原因、环境和改正此种错误的详细办法，以致后来又可能重犯同类性质的错误；另一方面，太着重

①《毛泽东选集》第 3 卷，人民出版社 1991 年版，第 835—836 页。
②《毛泽东选集》第 3 卷，人民出版社 1991 年版，第 827—828 页。

个人的责任，未能团结更多的人共同工作”。所以，我们应该引以为戒。“处理历史问题，不应着重于一些个别同志的责任方面，而应着重于当时环境的分析，当时错误的内容，当时错误的社会根源、历史根源和思想根源。”应通过实行“惩前毖后，治病救人”的方针，“借以达到既弄清思想又团结同志这样两个目的。对于人的处理问题取慎重态度，既不含糊敷衍，又不损害同志，这是我们的党兴旺发达的标志之一”。[①]

新中国成立后，在《论十大关系》中，毛泽东提出了“是非关系”问题，再次强调：“如何对待犯了错误的人，这是一个重要的问题。”“我们不准犯错误的人革命，不分犯错误和反革命的界限，甚至把一些犯错误的人杀掉了。我们要记住这个教训。”对犯了错误的同志，“一要看，二要帮”。“对于革命来说，总是多一点人好。犯错误的人，除了极少数坚持错误、屡教不改的以外，大多数是可以改正的。”“‘惩前毖后，治病救人’的方针，是团结全党的方针，我们必须坚持这个方针。”[②]在《关于正确处理人民内部矛盾的问题》中，毛泽东又进一步说明一定要分清两类不同性质的矛盾，指出：“在

①《毛泽东选集》第 3 卷，人民出版社 1991 年版，第 938 页。
②《毛泽东文集》第 7 卷，人民出版社 1999 年版，第 39—40 页。

我们面前有两类矛盾，这就是敌我之间的矛盾和人民内部的矛盾。这是性质完全不同的两类矛盾。”敌我之间的矛盾是对抗性的矛盾，人民内部的矛盾则是在人民利益根本一致的基础上的矛盾，一般来说是非对抗性的。在无产阶级夺取了政权，并取得了生产资料的社会主义革命的基本胜利后，“革命时期的大规模的急风暴雨式的群众阶级斗争基本结束”，“还有反革命，但是不多了”，人民内部矛盾是主要的大量的，在人与人之间的矛盾中占主要矛盾的地位。这就要求我们以正确处理人民内部矛盾为着眼点和出发点，来认识和处理国家政治生活中的各种矛盾，把处理人民内部矛盾作为国家政治生活的主题。毛泽东指出，两类矛盾的性质不同，解决的方法也不同。“我们历来就主张，在人民民主专政下面，解决敌我之间的和人民内部的这两类不同性质的矛盾，采用专政和民主这样两种不同的方法。”他强调，我们必须站在人民的立场上，绝不能把人民内部的矛盾与敌我之间的矛盾等量齐观，更不能用解决敌我矛盾的专政方法去解决人民内部矛盾。专政担负着对外解决敌我之间的矛盾的任务，但是专政的制度不适用于人民内部。对于人民内部矛盾，必须坚持民主原则，“只能用讨论的方法、批评的方法、说服教育的方法去解决，而不能用强制的、压服的方法去解决”。要用在党的历史上行之有效的“团结—批评—团结”的方式解决人民内部矛盾。[①]

党的十一届五中全会通过的《关于党内政治生活的若干准则》明确规定：“党内斗争，不许实行残酷斗争、无情打击。”党的十八大以来，根据全面从严治党的新要求，我们把这个方针提到了新高度。习近平总书记指出：“惩前毖后、治病救人是我们党的一贯方针，也是我们党加强自身建设的历史经验。日常工作中发现了问题就要真管真严。惩治，治是根本，惩是为了治。要通过加强纪律建设和纪检工作，管住纪律、看住权力，使干部向高标准努力，不犯或少犯错误特别是严重错误。”[②]始终保持“惩”的力度，积极探索“治”的途径，充分发挥“救”的效能，这样一种不断深化拓展惩前毖后、治病救人的内容内涵和方式方法，对于推动全面从严治党产生了积极的影响。

第二，要把界限划好，必须经过细致的研究和分析。

要把界限划好，就必须能够正确确定事物的“质”，对“质”的不同认识决定了采取方式方法的不同。在

①《毛泽东文集》第 7 卷，人民出版社 1999 年版，第 205—211 页。

② 单行本，人民出版社 2016 年版，第 18—19 页。

《党委会的工作方法》一文中，毛泽东指出："自然，要把界限划好，必须经过细致的研究和分析。我们对于每一个人和每一件事，都应该采取分析研究的态度。"

分析、研究、综合，这是毛泽东非常擅长运用同时也经常推荐各级领导采用的工作方法。1944年4月，他在《学习和时局》一文中号召："要去掉我们党内浓厚的盲目性，必须提倡思索，学会分析事物的方法，养成分析的习惯。"[①]1941年9月，毛泽东在延安对由中央妇委和中共中央西北局联合组成的妇女生活调查团的谈话中，以认识延安为例，说明分析和综合统一的方法。他指出："当我们观察一件事物时，第一步的观察只能看到这件事物的大体轮廓，形成一般概念。"他举例说，一个初来延安的人，开始他对延安的认识只是一般的、笼统的。可是当他参观了抗大、女大以及延安的各机关学校之后，他采取了第二个步骤，"用分析方法把延安的各部分有秩序地加以细细的研究和分析"，第三步"再用综合法把对各部分的分析加以综合"，对事物的认识便从"大体轮廓"即"一个混沌的关于整体的表象"，上升到对事物整体的理性认识，这样他认识的延安就与初来时认识的延安不同，"他开始看见的是整个的延安，

①《毛泽东选集》第3卷，人民出版社1991年版，第938页。

现在看见的也是整个的延安，但与开始的了解不同了，现在他对延安就有了科学的认识和具体的了解”。[①] 这种观察、分析、综合的过程，也就是实际工作中的提出问题、分析问题、解决问题的过程。

对观察、分析、综合的过程，毛泽东认为“特别要注意的是分析”。他指出，分析就是分析事物的矛盾，只有对所研究的事物进行广泛全面的调查，熟悉其矛盾，才会有中肯正确的分析。他还具体地指出分析的两种情况：一是大略的分析；二是系统的周密的分析。他认为：“大略的调查研究可以发现问题，提出问题，但是还不能解决问题。要解决问题，还须作系统的周密的调查工作和研究工作，这就是分析的过程。”[②] 从观察到分析再到综合，虽然大体反映了调查研究的过程，但分析和综合是必然联系着的，因此，“应该是分析而又综合，就是在第二步的分析中，也有小的综合”。[③] 分析与综合是统一的。

分析方法是十分重要的思维方法，没有分析就不可能产生对事物正确深入的认识。我们要认识一个事物，必须深入事物内部，经过从个别到一般、又从一般到个

①《毛泽东文集》第 2 卷，人民出版社 1993 年版，第 380—381 页。
②《毛泽东选集》第 3 卷，人民出版社 1991 年版，第 839 页。
③《毛泽东文集》第 2 卷，人民出版社 1993 年版，第 380—381 页。

别的多次循环往复的过程完成对个别，即具体事物的认识。按照马克思主义认识论的原则，人们对于事物的认识一般都是由零碎到系统、由片面到全面，即由部分到整体、由局部到全局的，这是认识的规律之一。这就要求我们，在认识事物时不要急于求成，要耐心细致地、一步一步地对事物的现象或事实进行分析与综合，要重视共性和个性、普遍性和特殊性、绝对性和相对性。“当着我们研究矛盾的特殊性和相对性的时候，要注意矛盾和矛盾方面的主要的和非主要的区别；当着我们研究矛盾的普遍性和斗争性的时候，要注意矛盾的各种不同的斗争形式的区别。否则就要犯错误。”[①] 毛泽东还指出，做调查，“材料是要搜集得愈多愈好，但一定要抓住要点或特点（矛盾的主导方面）”，应该以主要矛盾作为认识问题、解决问题的出发点，“假若丢掉主要矛盾，而去研究细微末节，犹如见树木而不见森林，仍是无发言权的”。“我们要用钻研的方法来分析客观，分析阶级。对实际问题不应当熟视无睹，应当捣毁‘牛皮公司’，应当经过自己头脑深思熟虑，应当把理论与实践结合起来。”[②]

①，《毛泽东选集》第 1 卷，人民出版社 1991 年版，第 336—337 页。
②《毛泽东文集》第 2 卷，人民出版社 1993 年版，第 381 页。

1963年8月1日，在中国人民解放军建军36周年之际，毛泽东为人民解放军某部八连题写杂言诗《八连颂》，该连队于1949年5月进驻上海南京路，连续14年驻守闹市，一尘不染，勤俭节约，克己奉公，热爱人民，助人为乐。1963年4月25日，国防部批准授予该连“南京路上好八连”的光荣称号。在诗中，毛泽东写道：“思想好，能分析。分析好，大有益”，益处在哪里呢？“军民团结如一人，试看天下谁能敌”。[①]能研究、能分析、能综合，就能做到“试看天下谁能敌”，足见毛泽东对分析方法的重视。

分清事物的性质，就必须要进行细致的分析，“否则就会把问题的性质弄混淆了”。而一旦无法认清问题的性质，一定会发生大的失误乃至灾难。“文革”十年结束之后，1979年，在党的理论工作务虚会上，邓小平指出：“社会主义社会中的阶级斗争是一个客观存在，不应该缩小，也不应该夸大。实践证明，无论缩小或者夸大，两者都要犯严重的错误。至于整个社会主义社会历史时期是否始终存在某种阶级斗争，这里包括许多理论上和实践上复杂和困难的问题，不是只靠引证前人

①《毛泽东军事文集》第6卷，军事科学出版社、中央文献出版社1993年版，第395页。

的书本所能够解决的，大家可以继续研究。”[①]胡乔木在1982年同《历史决议》起草组成员谈话时也谈道：1957年社会上本来存在着许多社会政治矛盾，但并不是阶级斗争，“这本来是毛主席1957年在《关于正确处理人民内部矛盾的问题》讲话中企图解决的问题，本来是光明的，结果转成黑暗的”。这导致多年来，“一方面，搞了阶级斗争扩大化，另一方面，对大量社会政治矛盾没有处理好”。胡乔木指出：“关于正确处理人民内部矛盾”是个总题目，“解决这些问题要做复杂的工作，要从制度上解决。这一点没有做”，最终导致“文化大革命”的发生。[②]

“思想落后于实际的事是常有的，这是因为人的认识受了许多社会条件的限制的缘故。”[③]《关于建国以来党的若干历史问题的决议》指出：“毛泽东同志是经常注意要克服我们党内和国家生活中存在着的缺点的，但他晚年对许多问题不仅没有能够加以正确的分析，而且在‘文化大革命’中混淆了是非和敌我。他在犯严重错误的时候，还多次要求全党认真学习马克思、恩格斯、列宁的著作，还始终认为自己的理论和实践是马克思主义

①《邓小平文选》第2卷，人民出版社1994年版，第182页。
②《胡乔木回忆毛泽东》，人民出版社2014年版，第266—267页。
③《毛泽东选集》第1卷，人民出版社1991年版，第295页。

的，是为巩固无产阶级专政所必需的，这是他的悲剧所在。”[①] 历史的教训需要我们永远铭记。

第三，在中国特色社会主义进入新时代的今天，正确认识和把握社会主义主要矛盾，是确定党和国家中心任务、推动社会发展进步的重要前提，而准确认识把握主要矛盾，实际上也是一种划清“界限”。

人的认识活动和实践活动，从根本上说就是不断认识矛盾、不断解决矛盾的过程。认识主要矛盾，划分界限，无论是在革命还是在建设时期都至关重要。在社会主要矛盾的判断上要坚持与时俱进，必须及时根据社会关系的重大变革和社会发展的重大变化，既不能使认识落后于实践，在社会主要矛盾已经发生变化时，却仍然固守原有的判断，也不能使认识超前于现实，社会主要矛盾没有发生根本性变化却作出不符合实际的判断。

社会主义改造完成之后，1956 年党的八大报告指出：“我们国内的主要矛盾，已经是人民对于建立先进的工业国的要求同落后的农业国的现实之间的矛盾，已经是人民对于经济文化迅速发展的需要同当前经济文化不能满足人民需要的状况之间的矛盾。”这一判断的基

①《关于建国以来党的若干历史问题的决议注释本》，人民出版社 1983 年版，第 34 页。

本精神，就是强调阶级斗争已经不是社会主要矛盾，提出主要矛盾是落后的社会生产力不能满足人民的物质文化需要，主要任务是集中力量发展社会生产力。但反右派斗争的扩大化，使毛泽东的认识发生变化，在党的八届三中全会上把无产阶级和资产阶级的矛盾，社会主义道路和资本主义道路的矛盾，当作我国社会的主要矛盾，背离了八大一次会议对我国社会主要矛盾的判断。1962 年 10 月，党的八届十中全会重提阶级斗争，并且把“整个过渡时期”无产阶级同资产阶级的矛盾始终是社会的主要矛盾的论点进一步延伸到“整个社会主义历史阶段”。后来逐渐形成了一个“以阶级斗争为纲”的路线，发展到极端就是犯了“文化大革命”这一全局性的、长时间的“左”倾严重错误。直到 1981 年党的十一届六中全会，提出把“人民日益增长的物质文化需要同落后的社会生产之间的矛盾”作为主要矛盾的判断，把党和国家工作的重点必须转移到以经济建设为中心的社会主义现代化建设上来，党和国家的建设事业才走上正轨。

习近平总书记强调：“党的百年奋斗历程告诉我们，党和人民事业能不能沿着正确方向前进，取决于我们能否准确认识和把握社会主要矛盾、确定中心任务。”党的十九大报告，从新中国成立特别是改革开放以来我国经济社会发展的重大成就和显著进步出发，作出了中国特色社会主义进入新时代，我国社会主要矛盾已经转化为人民日益增长的美好生活需要和不平衡不充分的发展之间的矛盾这一重大政治论断。这一重大判断，客观反映了发展阶段、国情国力、人民需求的变化，是尊重规律、符合实际、面向未来的科学判断。社会主要矛盾的变化，要求我们认识社会主义初级阶段要有新的框架、新的尺度，规定了新时代中国特色社会主义的主要任务。在实现第二个百年奋斗目标新的赶考之路上，我们只有深刻认识我国社会主要矛盾变化带来的新特征新要求，深刻认识错综复杂的国际环境带来的新矛盾新挑战，在继续推动发展的基础上，紧紧围绕我国社会主要矛盾，着力解决好发展不平衡不充分问题，努力实现更高质量、更有效率、更加公平、更可持续、更为安全的发展，更好满足人民在经济、政治、文化、社会、生态等方面日益增长的需要，才能更好地推动人的全面发展、实现社会全面进步。

结　语

《党委会的工作方法》，作为一篇不到3000字的专门讲工作方法的短文，于2016年由习近平总书记专门推荐，要求各级党委（党组）领导班子成员特别是主要负责同志重温这篇著作，中组部并发出《通知》，把这篇文章纳入“两学一做”的重要内容，由此可见其内涵丰富及价值重要。

首先，习近平总书记希望各级党委（党组）领导班子成员特别是主要负责同志包括普通共产党员要从中学习和掌握科学的工作方法和领导艺术。

科学的思想方法和工作方法，是我们党治国理政十分必要、至关重要的“利器”。毛泽东之所以能够在艰难困苦中脱颖而出，并领导中国共产党取得成功，与他向来重视工作方法的研究与总结是分不开的。他曾撰写和发表过一系列有关工作方法和领导方法的文章和讲话。在这篇写于1949年新中国成立前夕的文章中，毛泽东为即将由革命党转为执政党的中国共产党准备的十二条工作方法，就是在他看来能够保证中国共产党人蹚过大河，建设新世界的“桥或船”。毛泽东认为，“进京赶考”能否成功，关键在于进一步正确发挥党的领导，而党的领导的正确发挥，除了正确的路线、方针、政策外，还必须有正确的工作方法来贯彻执行。十二条工作方法，概括而言，包括党委会如何形成决策、如何抓工作落实、如何召开党委会会议、如何保持正确的工作作风等，言简意赅、主题鲜明，对于党员和领导干部学习和掌握科学的工作方法和领导艺术可以起到立竿见影的效果。

习近平总书记也一贯重视工作方法的总结，他指出“工欲善其事，必先利其器”，正确的方法是做好工作的重要保证。“掌握了正确的工作方法，往往能收到事半功倍的效果。实际工作中，很多同志由于没有掌握正确的方法，容易出现两种倾向：一种是瞎子摸象，对工作没有全面的把握；另一种是纸上谈兵，眼高而手低，遇到具体事情不知何处着手。不管是哪种情况，都不利于工作的开展和深入。”[①] 他时常讲的重视调查研究、发扬“钉钉子”精神、“群众意见是一把最好的尺子”……都是他游刃有余的工作方法。

党的十八大以来，习近平总书记经常强调，中华民

①《之江新语》，浙江人民出版社 2007 年版，第 243 页。

族伟大复兴，绝不是轻轻松松、敲锣打鼓就能实现的，实现伟大梦想必须进行伟大斗争。在前进道路上我们面临的风险考验只会越来越复杂，甚至会遇到难以想象的惊涛骇浪。我们面临的各种斗争不是短期的而是长期的，当严峻形势和斗争任务摆在面前时，骨头要硬，要敢于出击，敢战能胜。但敢于出击，不是光靠嘴上说说的，要靠自己拿出真本领，而这十二条工作方法，70 年前，它能够为刚刚执政的中国共产党提供“桥和船”，在今天，其价值依然历久弥新。有学者指出：“从特定意义上说，中国共产党取得的一切成就，无论是新民主主义革命的胜利，还是社会主义革命和建设的成绩，都得益于正确运用这十二条工作方法。然而，要每时每刻都能正确运用这些工作方法是不容易的，即使毛泽东本人也没有完全做到，可以从一定程度上说，毛泽东和党所犯的错误和所经历的挫折往往与没有正确运用党委会的工作方法有关。由此也可印证，这些工作方法在党的历史上的价值。”①

其次，习近平总书记还希望各级党委（党组）领导班子成员特别是主要负责同志包括普通共产党员要从中

① 张太原：《理解中国共产党成功之道的一把钥匙——〈党委会的工作方法〉解析》，《党的文献》2015 年第 6 期。

学习和体会中国共产党历经百年严守的政治纪律和政治规矩。

十二条工作方法不单纯仅仅是工作方法，其中蕴涵着中国共产党之所以历经百年而风华正茂的密钥——严守党的政治纪律和政治规矩。习近平总书记指出：“在所有党的纪律和规矩中，第一位的是政治纪律和政治规矩。”我们可以在学习这十二条工作方法之时，体味到中国共产党之所以能够从一个只有50多个成员的小党派发展成今天拥有9600多万共产党员，成为世界第一大执政党、“史上最强创业团队”的原因——严守党的政治纪律和政治规矩。

中国共产党的领导是中国特色社会主义最本质的特征，是中国特色社会主义制度的最大优势。新中国成立至今，正是因为始终在中国共产党的领导下，集中力量办大事，国家统一有效组织各项事业、开展各项工作，才成功应对了一系列重大风险挑战、克服了无数艰难险阻，始终沿着正确方向稳步前进。在此期间，讲政治，严守党的政治纪律和政治规矩起了最重要的作用。党的十八大以来，我们推进全面从严治党取得了显著成效，但是，党的建设中还存在着诸多问题。正如习近平总书记曾多次指出的，我们党面临的“四大考验”“四大危险”是长期的、尖锐的，影响党的先进性、弱化党的纯洁性的因素也是复杂的，党内存在的思想不纯、政治不纯、组织不纯、作风不纯等突出问题尚未得到根本解决。一些老问题反弹回潮的因素依然存在，实践中还在出现一些新情况新问题。在党员、干部队伍中，有的不守政治纪律和政治规矩，妄议中央大政方针，当面一套、背后一套，当两面派、做两面人；有的理想信念“总开关”常年失修，对共产主义心存怀疑，不信马列信鬼神，世界观、人生观、价值观全面蜕变；有的干事创业精气神不够，不担当、不作为，奉行“既不落后头，也不出风头”，怕决策失误，不敢拍板定事，干工作推诿拖延；有的热衷于搞“小圈子”“拜码头”“搭天线”；有的反对形式主义、官僚主义、享乐主义和奢靡之风不坚决、不彻底，要花样，搞变通；有的不顾党中央三令五申，依然不收敛、不收手，以权谋私、腐败堕落；有的基层党组织政治功能不强，弱化、虚化、边缘化问题没有解决；有的地方人才队伍发展不平衡不充分、创新创造活力不强，有的引才不切实际，贪大、贪高、贪洋；有的地方和单位管党治党意识不强，履行管党治党政治责任不到位，甚至不愿不屑抓党建；等等。习近平总书记指出：“这些问题，严重破坏党的团结和集中统一，严重影响党和人民事业发展。”[①]

中国的改革已经进入攻坚期和深水区，新矛盾、新问题不断涌现，然而不少党员干部却表现出诸如上述各式各样“不适症”，党员队伍在思想、组织、作风、纪律等方面存在诸多问题，明显跟不上时代的要求。在这样的形势下，进一步保持发展党的先进性和纯洁性，推动全面从严治党显得尤为必要和紧迫。

坚持党要管党、全面从严治党，一方面需要制度治党，另一方面也需要思想建党，刚柔相济，同向同时发力。学习《党委会的工作方法》，也是思想建党的重要方法。在学习中领悟党的政治纪律和政治规矩，在领悟中提高政治站位，实现自我净化、自我完善、自我革新，成为真正适应新时代发展需要的党员领导干部，这也是习近平总书记推荐这篇文章的深意所在。

总而言之，这篇闪烁着马克思主义理论光辉的文献，在今天仍然具有非常重要的现实意义，值得每个党的领导干部包括普通共产党员认真学习、深刻领悟。

---

①《习近平谈治国理政》第3卷，外文出版社2020年版，第515—516页。

附　录

《党委会的工作方法》原文

党委会的工作方法

（一九四九年三月十三日）

一、党委书记要善于当“班长”。党的委员会有一二十个人，像军队的一个班，书记好比是“班长”。要把这个班带好，的确不容易。目前各中央局、分局都领导很大的地区，担负很繁重的任务。领导工作不仅要决定方针政策，还要制定正确的工作方法，有了正确的方针政策，如果在工作方法上疏忽了，还是要发生问题。党委要完成自己的领导任务，就必须依靠党委这“一班人”，充分发挥他们的作用。书记要当好“班长”，就应该很好地学习和研究。书记、副书记如果不注意向自己的“一班人”作宣传工作和组织工作，不善于处理自己和委员之间的关系，不去研究怎样把会议开好，就很难把这“一班人”指挥好。如果这“一班人”动作不整齐，就休想带领千百万人去作战，去建设。当然，书记和委员之间的关系是少数服从多数，这同班长和战士之间的关系是不一样的。这里不过是一个比方。

二、要把问题摆到桌面上来。不仅“班长”要这样做，委员也要这样做。不要在背后议论。有了问题就开会，摆到桌面上来讨论，规定它几条，问题就解决了。有问题而不摆到桌面上来，就会长期不得解决，甚至一拖几年。“班长”和委员还要能互相谅解。书记和委员，中央和各中央局，各中央局和区党委之间的谅解、支援和友谊，比什么都重要。这一点过去大家不注意，七次代表大会以来，在这方面大有进步，友好团结关系大大增进了。今后仍然应该不断注意。

三、“互通情报”。就是说，党委各委员之间要把彼此知道的情况互相通知、互相交流。这对于取得共同的语言是很重要的。有些人不是这样做，而是像老子说的“鸡犬之声相闻，老死不相往来”[1]，结果彼此之间就缺乏共同的语言。我们有些高级干部，在马克思列宁主义的基本理论问题上也有不同的语言，原因是学习还不够。现在党内的语言比较一致了，但是，问题还没有完全解决。例如，在土地改革中，对什么是“中农”和什么是“富农”，就还有不同的了解。

四、不懂得和不了解的东西要问下级，不要轻易表示赞成或反对。有些文件起草出来压下暂时不发，就是因为其中还有些问题没有弄清楚，需要先征求下级的意见。我们切不可强不知以为知，要“不耻下问”[2]，要善于倾听下面干部的意见。先做学生，然后再做先生；先向下面干部请教，然后再下命令。各中央局、各前委处理问题的时候，除军事情况紧急和事情已经弄清楚者外，都应该这样办。这不会影响自己的威信，而只会增加自己的威信。我们做出的决定包括了下面干部提出的正确意见，他们当然拥护。下面干部的话，有正确的，也有不正确的，听了以后要加以分析。对正确的意见，必须听，并且照它做。中央领导之所以正确，主要是由于综合了各地供给的材料、报告和正确的意见。如果各地不来材料，不提意见，中央就很难正确地发号施令。对下面来的错误意见也要听，根本不听是不对的；不过听了而不照它做，并且要给以批评。

五、学会“弹钢琴”。弹钢琴要十个指头都动作，不能有的动，有的不动。但是，十个指头同时都按下去，那也不成调子。要产生好的音乐，十个指头的动作要有节奏，要互相配合。党委要抓紧中心工作，又要围绕中心工作而同时开展其他方面的工作。我们现在管的方面很多，各地、各军、各部门的工作，都要照顾到，不能只注意一部分问题而把别的丢掉。凡是有问题的地方都要点一下，这个方法我们一定要学会。钢琴有人弹得好，有人弹得不好，这两种人弹出来的调子差别很大。党委的同志必须学好“弹钢琴”。

六、要“抓紧”。就是说，党委对主要工作不但一定要“抓”，而且一定要“抓紧”。什么东西只有抓得很紧，毫不放松，才能抓住。抓而不紧，等于不抓。伸着巴掌，当然什么也抓不住。就是把手握起来，但是不握紧，样子像抓，还是抓不住东西。我们有些同志，也抓主要工作，但是抓而不紧，所以工作还是不能做好。不抓不行，抓而不紧也不行。

七、胸中有“数”。这是说，对情况和问题一定要注意到它们的数量方面，要有基本的数量的分析。任何质量都表现为一定的数量，没有数量也就没有质量。我们有许多同志至今不懂得注意事物的数量方面，不懂得注意基本的统计、主要的百分比，不懂得注意决定事物质量的数量界限，一切都是胸中无“数”，结果就不能不犯错误。例如，要进行土地改革，对于地主、富农、中农、贫农各占人口多少，各有多少土地，这些数字就必须了解，才能据以定出正确的政策。对于何谓富农，何谓富裕中农，有多少剥削收入才算富农，否则就算富裕中农，这也必须找出一个数量的界限。在任何群众运动中，群众积极拥护的有多少，反对的有多少，处于中间状态的有多少，这些都必须有个基本的调查，基本的分析，不可无根地、主观地决定问题。

八、“安民告示”。开会要事先通知，像出安民告示一样，让大家知道要讨论什么问题，解决什么问题，并且早作准备。有些地方开干部会，事前不准备好报告和决议草案，等开会的人到了才临时凑合，好像“兵马已到，粮草未备”，这是不好的。如果没有准备，就不要急于开会。

九、“精兵简政”。讲话、演说、写文章和写决议案，都应当简明扼要。会议也不要开得太长。

十、注意团结那些和自己意见不同的同志一道工作。不论在地方上或部队里，都应该注意这一条，对党外人士也是一样。我们都是从五湖四海汇集拢来的，我们不仅要善于团结和自己意见相同的同志，而且要善于团结和自己意见不同的同志一道工作。我们当中还有犯过很大错误的人，不要嫌这些人，要准备和他们一道工作。

十一、力戒骄傲。这对领导者是一个原则问题，也是保持团结的一个重要条件。就是没有犯过大错误，而且工作有了很大成绩的人，也不要骄傲。禁止给党的领导者祝寿，禁止用党的领导者的名字作地名、街名和企业的名字，保持艰苦奋斗作风，制止歌功颂德现象。

十二、划清两种界限。首先，是革命还是反革命？是延安还是西安[3]？有些人不懂得要划清这种界限。例如，他们反对官僚主义，就把延安说得好似“一无是处”，而没有把延安的官僚主义同西安的官僚主义比较一下，区别一下。这就从根本上犯了错误。其次，在革命的队伍中，要划清正确和错误、成绩和缺点的界限，还要弄清它们中间什么是主要的，什么是次要的。例如，成绩究竟是三分还是七分？说少了不行，说多了也不行。一个人的工作，究竟是三分成绩七分错误，还是七分成绩三分错误，必须有个根本的估计。如果是七分成绩，那末就应该对他的工作基本上加以肯定。把成绩为主说成错误为主，那就完全错了。我们看问题一定不要忘记划清这两种界限：革命和反革命的界限，成绩和缺点的界限。记着这两条界限，事情就好办，否则就会把问题的性质弄混淆了。自然，要把界限划好，必须经过细致的研究和分析。我们对于每一个人和每一件事，都应该采取分析研究的态度。

我和政治局的同志觉得，要有以上这些方法，才能把党委的工作搞好。除了开好代表大会以外，党的各级委员会把自己的领导工作做好，是极为重要的。我们一定要讲究工作方法，把党委的领导工作提高一步。

注 释

[1] 见《老子》第八十章。原文是："邻国相望，鸡犬之声相闻，民至老死不相往来。"

[2] 见《论语·公冶长》。原文是："敏而好学，不耻下问。"

[3] 延安是 1937 年 1 月至 1947 年 3 月中共中央的所在地，西安则是国民党反动派在西北的统治中心。毛泽东以此来比喻革命和反革命。